Petraq Risto

Ospăţul modern al lui Shakespeare

Petraq Risto

Ospăţul modern
al lui Shakespeare

Poezii

În românește: Kopi KYÇYKU

Copertă frontală: imagine de Hieronymus Bosch

© Petraq Risto

Un punct (.)

Era un punct simplu ca toate punctele
aidoma semnului pe care echerul îl lasă pe hârtia cea albă
înainte ca cineva să creeze Lumea.
Un punct mititel în căutarea încheierii unei fraze
probabil uitate de Shakespeare...
Un punct foarte mic: vârfuleţ din iarba veşniciei
 răpit de şarpele lui Gilgameş...
Un punct aproape invizibil: o pată de lacrimă micşorată
                              cu o lupă de răutate.
În jurul acelui punct s-au adunat cu toţii
cu mici şi mari
priveau unul pe celălalt în ochi
            ca să descopere
            de la ce retină
            căzuse.

Dansatorii iernii

Dansează în curte sub zăpadă: acele ceasului

                   cu ace de secunde

                   ce albinuţe pe piepturi!

Vârfuleţe de flacără sub bluza subţire: sfârcurile.

Neaua vie: adolescentă nebunatică

                   dansează pe umerii noştri

                   în păr şi în umeri ni se topeşte.

Orbita dansului îşi are planetă Iubirea.

Dansăm în cameră.

La vatră flăcările dansează fără să se gândească la cenuşă.

Vârfuleţe de flacără sub bluza subţire: sfârcurile

Evaporă zăpada din păr şi din umeri

iar aburii calzi, pac, încep să danseze

şi flăcările vetrei se grăbesc şi sar ca un dans de haiduci

afară zăpada care cade: tremurând îşi caută dansatorii iernii.

Orbita dansului îşi are planetă Iubira.

Vârfuleţe de flacără sub bluza subţire: sfârcurile

Barca obosită

Sunt o barcă obosită
la crucea prorei am pironit amurgul
marea se străduieşte să mă atragă la proră
şi să mă aprindă la punte
imitându-i pe cei îndrăgostiţi.
O barcă obosită sunt
pe o mare amestecată.
Mă cunosc de multă vreme
ploaia, vântul, soarele şi iodul.
Pânzele mele: sâni de nud
                    distrag orizontul.
Sunt o barcă obosită
fiindcă mă îndrăgostesc dimineaţa
când harpoanele soarelui se înfig în adâncuri
în corpul unui rechin invizibil
trădat de sângele peste valuri.

Muntele

Sunt Muntele de pe sub cer:
Michelangelo întins sub cupola cu fresce de stele şi de nori
Cu suflet de vârtej deşi fiind alb omor
fulgere şi zei
        la un banchet nebunatic ţip:
                Veniţi,
                dezumflaţi-vă,
                aprindeţi-vă,
                ardeţi-vă,
                tremuraţi
                fluieraţi vânt,,
                îmbătaţi-vă cu ploaie
mâine nişte viorele: capcane
        primăvăratice
           vă vor prinde pe neaşteptate.
Lupilor le dau adăpost în peşteri visând osul Lunii,
vulpile deloc mânioase faţă de fabulele mă blestemă că nu le-am dat
de mâncare.
Mistreţii imită tunetele prin ceaţă văd vânători
cocoşii şi păsările ce le port pe spinarea-mi: embleme care trebuie şi
nu trebuie fi omorâte.
...mâine nişte viorele: capcane primăvăratice mă vor prinde pe neaşteptate.
Curg pâraiele, pomii se apleacă, sus cerurile izbucnesc în orgii
Vârful meu
aidoma palmelor ce se roagă
se roagă pentru Dumnezeul cel nou.
Sunt Muntele de sub cer:

Michelangelo întins sub fresce de stele şi de nori
care îi spune Papei: De mult sufăr
                    lasă-mă să-mi termin acest tablou sălbatic
                    iar apoi nu mă plăti.
Mâine nişte viorele: capcane de primăvară
mă vor prinde şi pe mine pe neaşteptate.

Îmi voi cumpăra un vârf de munte

Îmi voi cumpăra un vârf de munte, neapărat îl voi cumpăra
asupra-i voi trăi, asupră-i voi dormi
Îmi voi cumpăra un vârf de munte, îl voi cumpăra
să-mi atrag norii: părul de prinţesă să-l pieptăn
sub zăpadă pacte voi ascunde
în fiecare fir câte un cod voi lăsa
Îmi voi cumpăra un vârf de munte, ca moartea îl voi cumpăra.
Ecoul nu valorează mai mult decât vocea deşi se elaborează în vârfuri
de munţi.
Îmi voi vinde cărţile şi voi cumpăra un vârf de munte
dacă banii nu mi-ar ajunge îmi voi vinde şi calul
apo îmi voi vinde casa şi grădina şi rodiile
rodiile care fără ruşine îşi deschid vestele
ca să-şi arate mărgăritarele de prisos.
Îmi voi vinde orice dacă banii nu-mi ajung
îmi voi cumpăra un vârf de munte.
Îmi voi cumpăra un vârf de munte
când vei zări Soarele eu voi fi acolo
în Luna plină
cu vârful muntelui
o semnătură voi pune:
 un autograf pe opera cea mai nouă.
Îmi voi cumpăra un vârf de munte, ca viaţa o să-l cumpăr.
Îmi voi cumpăra un vârf de munte, într-un Olimp să-l transform
vor veni zeii cu capetele aplecate învinşi
cu puţină supărare întoarsă în suflet
un pahar îşi vor ridica la vârful cel frumos.

Cu creionul muntelui o semnătură îşi vor pune zeii
Contractul:
        Cerul deasupra capului meu nu este al lor
        deasupra capului meu va fi mai multă lumină.

Voi cumpăra un vârf de munte, ca lumina îl voi cumpăra.
Ecoul nu valorează mai mult decât vocea deşi se elaborează
                în vârfuri de munţi.
Îmi voi cumpăra un vârf de munte împreună cu Prometeu
                îl voi cumpăra
împreună cu vulturul îl voi cumpăra
şi lui Sisif o piatră ca un simbol o să-i las.
Un vârf de munte ca pe un suflet îl voi cumpăra.
Când voi muri acolo să mă înmormântaţi
oasele să mi se topească sub zăpadă şi trăsnet
strănepoţi vor spune: nu a fost un Prometeu şi nici Sisif nu a fost.
Un vârf de munte îl voi cumpăra neapărat
chiar şi după o mie de ani acolo mă veţi găsi.
(Vânturile neîncrezătoare ţin isonul: iiii...!)

Partidă de şah în secolul al XXI-lea

Jocul de şah s-a inventat în deşert, iubito nu pentru război, ci pentru dragoste
În fiecare dimineaţă îmi bag o piesă de şah în buzunar (pe cea albă)
iar tu, iubirea mea, în fiecare dimineaţă o piesă de şah îţi iei (pe cea neagră)
şi coborâm în Tirana noastră cu pătrate:
                              tablă de şah gigantă în culoare de şoarece.
Prima mişcare: eu - un pieton (şomer) îl pun lângă Soldatul Necunoscut
 Tu - un cal negru (ca la Troia după Elena)
                              lângă calul lui Skanderbeg.
Din nou ziua următoare cu piese noi în buzunar
ne continuăm jocul nostru absurd.
Eu mişc turnul un petrolier
şi ni se înfăţişează mirajul Bagdadului
                    cu tigrii de foc pe malul râului Tigru.
Apar nizamii vechi albanezi la Karbala sub corbii ce le mănâncă ochii.
Tu îţi mişti nebunul la Turnul Ceasului1)
                    iar neaua minutelor creează Dragostea...
Facem în fiecare zi câte o mişcare eu te ameninţ cu rachete de eros
                              tu cu kamikaze de gelozie.
Regina mea se frământă, cântă arii triste,
regele tău crud tremură - el ţine în genunchi
steagurile albe pe care le vede ca ceruri stoarse pe buzele scrum.
Noaptea stăm nedormiţi şi ne gândim la viitoarea mişcare
stropite cu puţine săruturi cu puţin dor şi niţel perfidie...
                    Învingătorii vor fi adevăraţi perdanţi
                              dacă această partidă nu va fi remiză....

------

1) *În albaneză Kulla e Sahatit, în Centrul Tiranei.*

A venit fluxul

A venit fluxul cel mare: taur mitologic în arena cunoscută
tremură stâlpii înfipți în săgeți de toreadori.

Taurul geme: spinarea cu pete roşii de amurg
săgeţile stâlpilor tremură la stânga - la dreapta. Geme taurul.

A sosit fluxul, iubito, a venit fluxul fii atentă când faci baie sub flux
o mare în flux mai mult decât valuri, aduce cu sine sinonime şi metafore
meduze cu tentacule din familia veiozelor: străluceşte şi arde.

Atenţie la mare - taurule
                    pe spinarea cenuşie: săgeţile catargelor.

Un umăr fraged la cabaret

Un umăr fraged la cabaret este o scară de magie:
                              te coboară la subsol
                              te ridică pe pământ.
un fraged umăr la cabaret ne îmbată pe noi de la purgatoriu.
Acest cabaret din lemn în asfinţit - ce instrument de muzică ciudat!
Un umăr fraged la cabaret... ah, lumina ochiul nu poate s-o ascundă
 iar vinul devine flacără - te încălzeşte.
Iadul care arde jos, încălzeşte Raiul sus, îl îmbată
cabarete din lemn în amurg, dacă chitară nu eşti, ce dracu mai eşti...
Noi sărmanii de la purgatoriu nimic în van nu ne păcăleşte
doar umărul fraged la cabaret...
            ne coboară
               ne ridică.

La Coney Island cu Lorca

La Coney Island amurgul cu nişte castaniete din scoici ne atrage pe
mine şi pe Lorca.
Pescarii cu căciuli (ca şi atunci) pe singurul pod
şi-au aruncat cârligele ca să-l prindă pe singurul peşte roşu: soare de iarnă.
Lorca se joacă cu căciula mea cu pătrăţele aidoma tablei de şah.
- Piese nu sunt, vino să ne jucăm cu pescăruşii! - îmi spune Lorca.
Pescăruşii se întind peste zece stânci negre,
până în adâncul ocean:
                              tastatura în zeci de kilometri giganţi.
Am fost aici cu şaptezeci şi cinci de ani în urmă - îmi zice Lorca1
Pescăruşii se mişcă iar cele zece clarinete la Coney Island
Interpretează *"Requiem pentru Garcia Lorca"*.

                    Lorca, Tu mergi pe urmele
                    pescăruşilor pe nisip...
                    uiţi să urci în cer.

Ceva mai departe fiica mea de şapte ani culege scoici mari cât palma sa.
În ele mâine soţia mea va servi fructe de mare.
Oaspeţii mei de la Brooklyn vor fi toţi albanezii şi…
Lorca poetul
Frig. Orăşelul jocurilor face repetiţii cu vântul.
Un autocar străbate valurile încrâncenate: face şi mai întunecată gravura.
Ce au însă pescăruşii de ţipă şi se adună în jurul unei bătrâne?
Într-un cărucior de bebeluşi, femeia înaltă a adus cina pescăruşilor!
Pescăruşii înfometaţi se mişcă iar cele zece clarinete la Coney Island
Joacă *"Requiem pentru Garcia Lorca"*.

Tu mergi pe urmele
pescăruşilor pe nisip...
uiţi să urci în cer.

Coney Island, 30 janar, 2006
____

1. Lorca a scris despre Coney Island poezia "Peisaje de la multitude que
vomita" (decembrie, 1929).

Dialog erotic

Flăcăul:

Te-ai aplecat puţin ca o ramură subţire sub greutatea unei păsări
ceva murmura: Să vii sănătos!
şi un vârf de munte cu priviri de lumină – a îmbrăţişat orizontul.
Dacă nu eşti fecior
doresc să fac dragoste cu tine…
Sunt curgere de râu
eşti sita aurie
Săraca de tine!

Fata:

Serafim cu trei perechi de aripi
vino să te ascund sub părul lung
am aur două mere aurii.
Sunt virgină
sunt o nouă stea
până când se face noapte
ia-mă în braţe.

Flăcăul:

..sunt curgere de râu
eşti sita aurie
Trezeşte-te visule plămădit în cuptorul craterului
nu te teme de râu, nu, râul nu a rămas fără apă
sită pentru aur, cerne-mă pe mine în întregime!

Albanezii

Ne îmbrăcăm în costumele morţilor Europei
ne punem pantofii morţilor Europei
şi ieşim pe străzile noastre la fel ca şi europenii…
Europa ne priveşte, îşi strâmbă buzele şi surâde
nu deoarece îşi aduce aminte de morţii săi
ci fiindcă hainele pe care le purtăm,
pantofii cu care ne-am încălţat
sunt demodate…
Noi însă păşim: costumele celor morţi ne şad bine
pantofii celor morţi nu ne strâng
indiferent că străzile noastre sunt pline de răni.
Păşind simţim că morţii Europei
ne urmăresc ca şi cum ar fi uitat ceva în buzunare:
cărţi de credit, bani, poliţe, vise, halucinaţii…
ne urmăresc aidoma umbrelor, ca nişte fantome
probabil binecuvântându-ne
probabil sperând ca hainele şi pantofii lor
să devină magice
ca şi copiii noştri
şi nepoţii noştri să poarte
hainele şi pantofii cinici. Mi-a fost teamă.
Mi-am dat jos hainele şi am ieşit aproape gol
mi-am scos pantofii şi am ieşit descult
deşi mării mele care m-a văzut
i-a fost ruşine şi mi-a dăruit un val
în loc de cămaşă
şi petrolul meu s-a ruşinat:

mi-a dat cadou o venă în loc de fular.
De ruşine câmpiile şi-au zgâriat obrajii
Şi probabil de ruşine au înflorit
muguri de bumbac
Au plâns munţii, au plâns codrii.
Butonul şi agrafa în lacrimi
Mi le-au dat: mie, bărbat şi tată
Iar eu aşezat la colţul vetrei
Durerii lor
Din sânge fac făclie.
Flăcările mantaua mi-au dăruit-o...
Surâsurile europene încă nu s-au oprit.

Sfoara celui spânzurat

Vine sub forma literei
        O
        ţipăt
        de durere
        şi
        de chin

Sub forma unui ceas lipsit de ace: O
        cel spânzurat
        pleacă
        ca să
        nu aibă
        timp
Sfoara celui spânzurat este gura unui puţ: O
şi morişca asupra puţului: volanul
                derutat
                al navei
                Furtună

Sfoara celui spânzurat este
        cârma
        ruptă
        a navei
        care navighează
        prin marea
        lacrimilor
simţindu-se învinsă: navă în puţ

* * *

Umbrele cireşilor nu sunt roşii
dar când eu voi vorbi despre iubire
roşul cireşelor iţi va săruta obrajii.

Combinaţie de şarpe şi de măr

Craniul - măr şi înlăuntrul său încolăcit şarpele creierului
Gâtul-şarpe şi înlăuntrul său proaspăt înghiţit: mărul lui Adam
venele-şerpi albaştri, iar inima: măr roşu,
sexul şarpelui-mascul iar măr sexul femeii
dedesubtul ochilor-capete de şerpi: sau aprinşi pomeţi ai obrajilor
la capătul braţelor - şerpi: cei zece pomeţi ai degetelor
şerpii picioarelor ies tot din doi pomeţi
ba chiar degetele picioarelor în zece şerpi cu pomeţi
capete de şerpi sunt peste merele sânilor
iar sânii-meri sunt atacaţi de zece şerpi însetaţi
printre buzele-mere iese şarpele limbii
burta mamei însărcinate are forma unui măr copt
cu buricul ridicat: şarpe din muzica aprinsă
în primele săptămâni
bebeluşul are forma unui şarpe ...
iarăşi şerpii ne aşteaptă
la câteva ore după ce am murit.

Generația pierdută

Vine o vreme și fiecare generație
se simte pierdută
adică: în fața mării
nave bătrâne
cu reumatism și coca ruginită,
în fața muntelui - acoperișuri vechi
în așteptarea vârtejului.
Iar, când li se înfățișează iubirile fugite
fardate cu anti-riduri
plâng aidoma călătorului obosit
la o încrucișare
unde în afara crucii
nu a mai rămas nici un drum.

Dezamăgire

Sunt zile când mă bărbieresc cu lamele cumpărate de la cel mort
mă curăţ în clipele când barba sa continuă să mai crească.
De mult folosesc lucrurile lui,
parfumul său cunoscut de femeile străduţei
care-şi întorc capetele cu dor
şi se tem când privesc
un alt ins viu.

Samurai

Şi-a scos sabia din teacă
a lăsat-o în aer:
să flirteze cu Soarele
până când lumina să rămână văduvă.
Cu teaca a început să bea saké…

Theatrum Anatomicum

Rembrandt sub trepiedul unui curcubeu urcă scările marelui teatru
Întins în sală gata să-şi deschidă şevaletul corpului: cadavrul unui criminal.
Pictorul se întunecă parcă înlăuntrul ochilor simte protestul culorilor.
Medicii serioşi, aidoma tuturor modelelor, se apleacă asupra cadavrului hoţului.
Faţa burţii, colivia pieptului, se desfac ca un val rămas sub muşchi -
Scoica oarbă a inimii, coralele plămânilor, stomacul – monstru tăcut
Rinichii cu puţin nisip aprins: niciunul suspectat de a conţine diamant...
Corp obişnuit de om, gândeşte pictorul, îşi şterge fruntea transpirată
Şi simte cum mor culorile în coşmar.
Doctorul Tulpa aplecat asupra unui criminal, a cărui chip râde de foarfecă
Am devenit eterni, spun medicii, eterni asupra unui mort.
Într-o clipă ceva ca un fluierat umple sala lui Theatrum Anatomicum
Ca şi cum sufletul criminalului s-a gândit să fugă şi s-a ciocnit
                                        de culorile şevaletului.
Rembrandt a prins roşul cenuşiu ca ironia hoţului cu mâna pe diamant
Apoi ceva fură din galbenul morţii care se apropie cu galbenul aurului.
Cu toţii fură, grăieşte cadavrul spart: val adormit sub muşchi.

Rebeliune 1997 *

Cerul extrem de limpede
gata să fie ucis
păsările distrate de gloanţe
intră şi se ascund în venele mele.

** Aluzie la evenimentele sângeroase care au avut loc în Albania, în anul 1997.*

Am închis ochii unui mort

1.

Am dat jos capacele ochilor omului abia decedat
sau am închis strălucirea în două sicrie de lumină
printre degete am simţit lumina udată de lacrimă
simt acea lumină şi azi: licurici la peretele inimii.
Era lumina cea din urmă puţin înainte de drumul scurt spre Rai
acolo unde cei morţi obosesc amintindu-se de cei dragi.

Sunt pădurea ce a adăpostit poetul mort ţinând pe Shakespeare în mână.

2.

Dragostea unui om totdeauna merge cu aripi
fiindcă picioarele se supun legii gravităţii
ele fac o înţelegere mai mult cu pământul decât cu cerul.
Picioarele învinse - hamali sărmani!
Norii au o memorie trecătoare: o logică de fulgere şi de vise de curcubeu.
Diseară diseară diseară
Orice dimprejur mirosea a parfum
Lumea îmbătată se învârtea ca întotdeauna
De dragoste câmpurile magnetice îşi schimbau polurile îşi schimbau polurile.
Dacă tu te aflai la Polul Sud, dacă erai acolo
răpeai curentele Golfstream-ului, ai gătit cu lacrimi şi cu ţărână
La Polul Nord ai găsit ochii mei cu puţin ger de dispreţ
Câmpurile magnetice: polen împrăştiat
În clipa în care albinele fac rodnicie.

Unde eşti dragostea mea: nud din lumină trecută prin filtrul aştrilor
Globul cu câmpiile magnetice: fluture cu aripi deschise 0O0
                                        gata să se sinucidă.
Dacă Raiul este compus din lumini, iar Iadul din umbre
uniţi-le amândouă ca să creeze suflete de iubire.

3.

Când vorbesc de ceilalţi: stau la o parte cu simţul înţeleptului
ceilalţi spun că semeni cu lemnul care acceptă binecuvântare pentru sicriu.
Păşesc purtând cu mine lumina unui mort.
Sunt pădurea care a adăpostit poetul decedat ţinând pe Shakespeare în mână.

4.

Sunt Orfeu: am prefăcut harpa în navă, navighez spre Euridice în iadul-puţ
Tu eşti cea dintâi secundă la Catedrala din Greenwich, după tine
timpul câştigă puls.
Sunt clipa când ciocnirea unei palme aruncă în zbor păsările de lut
Iar tu eşti un gest plămădit de natură cu gelozia unei iubite.
Am închis ochii unui mort iar lumina udată de lacrimi m-a făcut alchimist:
Am adunat toate iubirile morţilor lumii şi am făcut o flacără aurie.
Merg purtând cu mine flacăra morţilor.
sunt pădurea care a adăpostit poetul mort cu Shakespeare în mână.

Cineva mi-a zis...

Cineva mi-a zis că Iisus a avut o sosie
ba chiar sosia a fost răstignită ca celălalt să învie
romanii n-au înțeles jocul și apoi au fost învinși
Vicleanul Hristos
pe apostoli i-a făcut miniștri:
        bărbați ce scriau cărți
        ce probaseră
        trădările și păcatele
        și care inventaseră
        chiar jocul cu sosie.
...Mai bine se înțelegea cu Matei
pe care l-a pus la vamă, unde iscălea psalmii.

Dezamăgiri

Am luat de mână o mamă oarbă
cândva am cunoscut o vioară, mi-a spus
violina pe care o cunoscusem însă avea corzile rupte
iar sunetul dezamăgirii a căzut.
Am luat un azil de bătrâni în braţe
vino să te plimb prin lume, azilule, vino
dar azilul răguşit
cu vocea lui Lear mi-a spus:
"Îmi faceţi rău scoţându-mă din mormânt,
tu eşti un spirit de rai: eu sunt
legat de o roată de foci".
Am luat un vapor având vise în vene
vaporul mi-a promis navigări nesfârşite
nu ştia săracul că sângele chiar
creează aisberguri
căci chiar şi sângele te scufundă, te învinge.
M-am luat pe mine însumi în mâini
m-am recunoscut ca şi cum aş fi un cristal,
l-am cunoscut ca şi cum ar fi un nepoftit
la un funeral.
Vino, sinele meu, i-am zis
ia pe mama oarbă,
du-o la azilul răguşit,
urcă-o în vaporul înecat…

Cu "Boing" la zece mii de metri asupra Atlanticului

La ultima graniţă dintre zi şi noapte
ai sentimentul că Dumnezeu
decojeşte o portocală.

Eroul

Marea au bătut-o cu fulgerele
Au legat-o cu râuri din toate părţile…
Uitând că era un Ocean în devenire.

Avionul-club

Am văzut un avion devenit club
de dorul ceresc elicele se oxidau
zgomotul expresului cafelei: oftat de chin nesfârșit
surâs ironic la colțul aeroportului.
Se îmbătau piloții veterani având picioare și mâini ortopedice
se mândreau piloții tineri ai avioanelor spioane
avionul-club: un nuc în curțile califilor
 nu poate să mai iubească cerul.
Am văzut un avion devenit club
strălucea ca burta unui pește ucis de dinamită
cerul asupra-i arunca ploaie cu rușine
elicele rugineau de un dor orb.

Făra permis

Primăvara rândunelele nu şi-au găsit cuiburile
erau construite fără autorizaţie
ba chiar stăpânul casei - fără autorizaţie
îşi pusese capăt zilelor de disperare.
Iarba înflorise fără autorizaţie
floarea soarelui la fel, fără autorizaţie
travestite deveniseră florile
 preluându-şi sexele albinelor
şi zburau florile aiurea prin ceruri
bâlbâind: bleu bleu bleu...
Fără autorizaţie visele, zâmbetele - fără autorizaţie
fără autorizaţie mitingurile, fireşte
o maimuţă creată din jocul trăsnetelor
râdea de toţi fără autorizaţie, râdea şmechereşte.
Europa nu ne dă autorizaţie, America încă nu,
fără autorizaţie Soarele şi Luna iluminează fatal
noi, albanezii chiar şi în mileniul trei (aoleo!)
nu avem autorizaţie căci avem coadă...

Vânatul căluţilor de mare

Căluţii de mare nu-şi dau seama:
când se transformă în medicamente costă milioane.
Bolnavii care se îngrijesc cu ele de mult se plâng
înlăuntrul trupurilor aud zgomot de valuri
aidoma unui trap înecat le încing venele
iar când se lasă noaptea, zic ei,
luna ne atrage ca pe nişte mări în flux
şi ne e teamă de moarte...
Atunci medicii sunt obligaţi să le facă o radiografie
şi văd: inimile sunt preschimbate-n insule de corali
unde-şi duc odihna căluţii de mare.

Bătălia pentru transformarea lui 0 în 1

Toată viaţa m-am străduit să transform 0 în 1.
Aşteptam acolo sus unde răsare un soare - monedă falsă
0-ul: soare fals se încerca în dintele dezamăgitor al lui 1.
Îl rupeam la dreapta în zona buricului, zeroul însă nu se dădea bătut:
 cromozom în oul neînjghebat.
Dacă îl tăiam pe jumătatea dreaptă, lua forma diabolică de 6
e şi, înainte de vreme, se trezea din letargie ca un şarpe.
Toată viaţa m-am luat după un zero
chiar şi atunci când 1 devenea penis, iar 0- vagin
şi atunci când 0 devine carusel cu milioane de morţi
pentru a crea (din nefericire) istoria.
Încercam să tai 0-ul jos, tăierea însă se transforma pur şi simplu în
anus: scote afară fără sfârşit alte... 0000.
Târziu foarte târziu, după ce obosisem cu meseria prelucrării lui 0
Am înţeles că meseria cea mai bună ar fi bătălia pentru transformarea
lui 1 în 0.

Îngrijitor de rândunele

Am grijă de toate cuiburile rândunelelor plecate
aidoma unui colecționar tâmpit am grijă;
păsările nu-mi promit averi cu ciripituri
când îmi lasă cheile aurii la fiecare început de toamnă.
Am grijă de toate cuiburile rândunelelor plecate
Intru în ele, mă odihnesc, scriu poezii...

> *rândunica este neagră,*
> *gușa-i însă este albă,*
> *gușa în care stă cântecul.*

Am grijă de toate cuiburile rândunelelor plecate
Pentru frumusețea lor am fost nevoit chiar să mă bat
amintesc omul cu ochi cenușii ca două țigări stinse
când dorea să dărâme un cuib.
Vor veni însă păsările, i-am spus, rândunelele se vor întoarce
Aidoma copiilor zâmbitori din plimbarea de duminică
Și îi voi ruga, le voi face doar o rugăminte:
să construiască un cuib sub streașina șepcii tale!

> P.S.

> *Mi-au dăruit patru suveniruri: cuiburile din vila cea nouă.*
> *Dar de ce au plecat rândunicile, de ce...*
> *S-au înspăimântat de tragerile de pușcă, de aceea au fugit au plecat*
> *nici cheile aurii nu mi le-au lăsat*
> *vara aici este ca iarna -*

ciripiturile mi-au spus tremurând.
Iau o aripă de rândunea
o pun ca pe un semn de doliu
şi prin străzile Tiranei par altfel:
jumătate pasăre şi jumătate om.

Soția lui Irod

Sunt soția lui Irod cu ochiul stâng orbit de lacrimi
cu ochiul drept - capcană a unei lumini slabe.
Soția lui Irod sunt: sau mâinile strâng capul.
Ah, Irod, Irod, Irod
Erou nu ai putut deveni!
Capul lui Ioan Botezătorul ai tăiat, transformându-l în planetă
ca sateliți ai acestui cap se învârt oamenii sărmani.
Înspăimântați de capetele tăiate, spre ghilotină se duc înșiși.
Ah, Irod, Irod, Irod
Erou nu ai putut deveni!
Fiul meu Lezbonac geme: bordei în iarnă
 trăsnete de blesteme se învârt în jur
Irod însuși cu gânduri cărunte
 Nu-și vede capul în oglindă.
Erou nu ai Putut deveni!
Deși ochiul stâng este orb, lacrimile-i sunt strălucitoare
M-am luptat să salvez de înecare singura-mi fiică
râul trăgea, eu la fel
 el i-a luat corpul și în mâini mi-a rămas capul fiicei mele.

I-am smuls

țipătului

punctul

unui

i!

Sunt soția lui Irod cu ochiul stâng orbit de lacrimi
cu ochiul drept - capcană a unei lumini slabe.
Soția lui Irod sunt:sau mâinile strâng capul.

Oratoriu despre egalitate

Oamenii diferă atât de mult din cauza limbilor
la surâs şi la plâns însă sunt egali
oamenii diferă mult şi la bogăţii
la surâs şi la plâns însă sunt egali
Tu, Omenire, egală ca găurile unui fluier: egale
Degetele care interpretează muzica nu sunt egale.
Iar omenirea râde, râde cu sine însăşi, ca paiaţa
cu planeta Pământ la nasul din elastic
când ţipă cu degetele spre rege: duşmanul, duşmanul!
Tu zâmbeşti frumos şi plângi frumos cu lacrimile care te iau ostatic
Oh, lacrimile în gene sunt egale: familii de privighetori pe bradul cel nou.
Totuşi nu plânge fiindcă astfel aerul se sufocă
Nu plânge, nu are importanţă dacă garderoba este săracă
ca un fulger singuratic: baston magic
                    norului cenuşiu îi oferă doar puţină ploaie.
Nu plânge căci apoi ploaia va deveni moale şi marea o va ameninţa
                                        în orice caz.
Iar omenirea râde, râde cu sine însăşi, ca paiaţa
cu planeta Pământ la nasul din elastic
când ţipă cu degetele spre rege: duşmanul, duşmanul!

Sunt orb

Sunt orb, orb, o-r-b
păşesc pe străzile cunoscute, punctual: ac pe o placă de patefon
                               pe străzile ce nu produc muzică.
Orb. Pomeţii degetelor citesc reliefuri.
Orb este Soarele când citeşte când citeşte vârful munţilor:
                                    două găuri (o-r-b)
                                    două puţuri în deşert
Cineva aruncă ciuturi în puţ
                şi ciudat
                ele se umple cu lumină.
Punctual, încet
cu bastonul e: ac pe placa de patefon
ascultaţi-mă ascultaţi-mă ascultaţi-mă…
Punctual cu muzica în suflet: ac pe o placă de patefon.

O respirație înaintea sărutului erai tu

Proaspătă și întinsă plină de strălucire:
respirație înaintea sărutului erai tu
Gata să mă prefac în floare eram eu
florile sub soare își ascund un gând,
mi-ai spus tu
iar noaptea peste flori pălăvrăgește mult, am vorbit eu.
Tu ai tăcut cu simțul corului lui Eschil.
Subțire și nevinovată
tulpina luminilor în apă
când tu te speli noaptea
și când luna te sărută în albul sânului - am grăit eu.
Altoiește-mă cu puțin cer înstelat
cu o privire aprinsă
și cu o viță hazardată - ai adăugat tu...
Iar eu am tăcut cu simțul corului tău Iubire.
Marea venea atotcuprinzătoare peste corpul tău
făcându-mă gelos
iar tulpina luminilor peste pielea ta aprinsă
mă făcea gelos
gelos mă făcea și luna
când atingea albul sânului tău...
> *Respirație înaintea sărutului erai tu*
> *aluat prins și gătit în încăpere de argint*
> *Dragoste.*

∞

Eu am spus: infinitul nebuniei
nedistins ca sângele pe cireaşă.
Tu ai spus: Sunt ochii bufniţei răpitoare

El a zis: Cei doi sâni ai unei femei ucise.
Noi am grăit: gemenii care se deosebesc prin râsul peste sprânceană
Voi aţi zis: siamezi care cer să se despartă neapărat
Ei au spus: Quijote şi Sancio desenaţi pe hârtie.
Eu am spus: Două buze în sărut
Tu: Binoclu în mâinile celor pierduţi
El: călcâiele liliputanilor în deşert.

Noi am spus: Doi dansatori îmbătrâniţi veşnic îmbătaţi
Voi: Două cătuşe aurii în mâinile minciunii
Ei: Două focuri aprinse pe patul nunţii...
Eu am spus: Eşti tu şi el
Tu ai spus: Eşti tu şi el
El a spus: Eşti tu şi tu

De la Homer la Borges

Fără stradă
fără casă
într-un ochi
al lui Homer
stau.

De la casa lui Homer
până la casa lui Borges
am adunat bastoanele orbilor
(morţi şi vii)
Sădiţi-ne, ţipau, sădiţi-ne pe marginea străzilor.
Borges şi Homer: două puncte ale unei linii rare.

Morţii scriu cărţi iar noi ne străduim să citim
gata să murim ca să ne citească alţii.
Nisip dezamăgit de aur
Umbră dezamăgită de lumină
Ca roua laptelui picurat din sân
Picură Alexandria din cărţi.
Morţii nu pot fii calificaţi învinşi deoarece sunt întinşi.
Fără stradă
fără casă
într-un ochi
al lui Homer
stau.

Iuri

Cel dintâi om al spaţiului
mormântul modest pe Pământ şi-l are,
pe Pământul mic ce de sus
apare ca mărul lui Adam
în gâtlejul
fără sfârşit,
al galacticii.
După medalii, aplauze, răsplată
Iuri s-a transformat într-un beţiv obişnuit.
Pe mesele untoase ale cluburilor moscovite
desena: nave cosmice, planete, meteoriţi
plămădindu-le cu vodcă şi cu lacrimi.
Bea şi se îmbăta ca să-şi simtă corpul mai lejer
să se eschiveze câtuşi de puţin legii gravitaţiei…
Alte legi însă îi strângeau gâtlejul
tocmai la mărul lui Adam
la acel Pământ mic
care e aidoma unei amintiri
îi rămăsese
în gâtlejul
dezamăgirii
cosmice.

Moartea călugăriței

Când s-a stins ea
clopotul nu a sunat...
Clopotarul a fost găsit
Plângând.

Păsările lui Picasso

Jachelina schimba păsările moarte în colivii
Ca Picasso să nu se gândească la moarte
Păsările însă
cu o noapte înainte de a muri
zburau din picturi şi vis-à-vis de Picasso coborau.
Pictorul făcea urgii cu păsările,
le lua penele şi juca rolul îngerului
le lua ghearele şi juca rolul dracului.
Dimineaţa următoare pictorul făcea pe neştiutorul
se uita pe furiş la sicriele mici ale păsărilor
ascunse undeva prin grămada viselor:
canari, papagali şi privighetori, toate îmbălsămate
toate topite în culori
toate sacrificate şi transformate în pensule,
păsări moarte veşnic vii
păsări îmbătate ce mureau sub o greutate fragedă de basm.
Părea naiv, neştiutor, acela care păsările le avea logodnice vesele
Marele Picasso
jumătate taur şi jumătate porumbel
singurul care a murit fără să afle (ce ironie!)
taina culorilor....

Lună subţire: dinte de şarpe

Lună subţire: dinte de şarpe, iar împrejur: otravă galbenă
jos prin grâu secera îi dă sfaturi spicului tăiat.
- Nu sufla la fluierele făcute din tulpină de grâu
Căci iese şi sare şarpele ca să-ţi otrăvească soţul.
- Sunt îmbătată, îmbătată de ritualul coacerii
muzica fluierelor nu este atracţie spre moarte.
- Nu le lăsa sub rouă căci se strică buchetele de spice
se spune că roua patimii îl face pe soţ să sufere.
- O să-l sting pe soţ cu puţină otravă de şarpe…

Fireşte, dacă vii dimineaţa

Dacă vii dimineaţa, dacă vii, atenţie să nu lezezi roua la vârful ierbii
Roua, spun, roua - toată zestrea pe care noaptea a dat-o pentru nuntă
Fireşte, dacă vii dimineaţa.
Apoi scoateţi pantofii în prag... nu te vreau udat de rouă, de rouă nu te
vreau udat
Pantofii cu rouă se transformă în barcă
Fireşte, dacă vii dimineaţa.
În cameră scoate-ţi cămaşa, cămaşa cu rouă căci astfel îmi dai freamăt
dacă vei veni în dimineaţa gătită cu rouă
nu uita interjecţia
Oh!
Fireşte, dacă vii dimineaţa.

Psalmul 137: Ostaşii

Aici lângă fluviile Babiloniei stăm jos şi plângem
deoarece nu putem să cântăm cântecele lui Dumnezeu într-o ţară străină
stăm jos şi plângem, şi plângem.
Aşa plâng toţi ostaşii lumii când şi-aduc aminte de iubite
şi nu pot să cânte: limba li se leagă de cerul gurii
ca luna moartă de cerul iernii.
> *Căştile de fier fără cap: la ţeava puştii*
> *la baionetele, la pământ: pantofii fără picioare.*
> *Tunurile s-au dus la Raiul Războiului*

Cântecul cântecelor: Dai ostaticul înapoi

Nu, nu greşesc: acolo departe în amurg
zeii se ocupă în taină
de topirea aurului
ca să îmbrace în el zeiţele şi prostituatele
şi când rămâne câte ceva în plus, se gândesc la mări şi munţi.
Zeii amurgului fac ca macii să se frece cu neruşinare
 de spicele de grâu
şi aruncă puţin aur şi puţin argint pe trupul tău
pe buzele de jar, pe nasul tău - deal ce împarte două lacuri de lumină.
Nu, nu greşesc.
Dar tu dai ostaticul înapoi înaintea apusului soarelui
ostatic să nu ţii nici aur, să nu ţii ostatic nici piatra morii,
ostatic nici puţul să nu-l ţii: stinge setea lumii.
Nu greşesc, sigur nu greşesc: dragostea este o boare
şi nu vrea să ştie de cătuşele pe care le ascunde trandafirul
                              în mugurii din aur.
Nu, nu greşesc, nu greşesc deloc
fiecare se pedepseşte pentru propriile păcate
cântarul este ca ochii aceluiaşi chip:
 cântăreşte amurgul Zeilor decăzuţi
 macii când se freacă cu neruşinare de spice
 cântăreşte-mă şi pe mine venind legănându-mi
 deşi există o oră când mă aflu departe de navă
 iar pământul, fapt ciudat, nu ridică valuri.

Câtecele 3, 4 şi 5

- Iubitul meu îşi paşte turma printre lilieci
turma paşte în iarba proaspătă paşte pe pajiştea cu rouă
- Vei pune pliuri în cele patru colţuri ale mantalei cu care te vei acoperi
pliurile uneori se vor transforma în spice coapte, alteori în trăsnete
doar umbra somnului tău va fi frumoasă: suflet gătit cu ţărână
- Iubitul meu îşi paşte turma printre lilieci
- Iubita mea explozivă ca o armată cu steaguri desfăcute
sunt dispus să mă cucerească.
- Eu sunt un zid şi sânii mei sunt ca nişte turnuri cucerită sunt, cucerită
în dragoste, în dragoste ambele armate au câştigat.
- Vei pune pliuri în cele patru colţuri ale mantalei cu care te vei acoperi
pliurile uneori se vor transforma în spice coapte, alteori în trăsnete
doar umbra somnului tău va fi frumoasă: suflet gătit cu ţărână
- Iubitul meu îşi paşte turma printre lilieci

Căzu, căzu Babilonul...

"Căzu,căzu Babilonul...
Coboară şi aşeză-te pe praf, fiică virgină babiloniană
Stai jos fără scaun, fiică a Caldeenilor
deoarece nu te vor mai numi fragedă şi proaspătă
Pune-ţi mâna pe piatră şi macină făina.

- Nu voi rămâne văduvă niciodată
şi nu voi cunoaşte pierderea copiilor
      Eu şi nimeni altul...

- Mişcă-ţi vălul, ridică-ţi colţul rochiei
Dezvăluie-ţi picioarele şi treci peste râuri
Nuditatea ta va înălbi şi se va afişa corpul tău
eu mă voi răzbuna şi nimeni nu va interveni...
Stai în tăcere şi du-te în beznă, fiică a Caldeenilor..."3

- Nu voi rămâne văduvă niciodată
şi nu voi cunoaşte pierderea copiilor
      Eu şi nimeni altul....

- Dar noi avem armele suflate în aur de culoarea sângelui
- Numai deşertul ştie să topească puterea voastră de culoarea gheţii
culoare de gheaţă, perfidă, culoare de gheaţă

- Astrologii care cunosc stelele suflet şi corp să nu le salveze
focul ca mătasea de demon îţi va îmbrăca trupul şi spicele
iar lacrima ta va umple locurile unde zace balsamul lipsit de trup...

- Dar eu din nou mă voi salva printr-o înţelegere cu vântul
şi va veni împreună cu Grădinile atârnate ale Babilonului
să-nsămânţeze deşertul şi să aprindă viţa de vie şi să înnebunească vinul
la marginea râurilor care curg cu răzbunarea mea pe spinare.
            Eu şi nimeni altul...

3.Sunt folosite şi versuri preluate din Biblie.

Să pierzi

Într-o zi m-am pierdut
nu reuşea să mă găsească nimeni
Un poliţist mi-a cerut bani ca să mă ajute
Nu ştiu cum m-am pierdut
M-am pierdut cântând
Poliţistul a dat jos căciula şi mi-a apropiat-o
ca un cerşetor orb
iar eu
ţiu-ţiu
am aruncat în ea monedele de aur…
Iată ce înseamnă să fii o privighetoare fericită.

Nu ştiu de ce bărbaţii sunt fericiţi când se însoară cu văduve tinere

Nu ştiu de ce bărbaţii sunt fericiţi când se însoară cu văduve tinere
Probabil fiindcă vălul negru şede mai bine decât vălul alb
Căci doar norul negru varsă ploaie şi zăpadă vie.
Probabil deoarece la văduvele tinere, aidoma văduvelor păianjeni
Otrava iubirii este dulce
iar cei doi sâni umflaţi: două nave cu steagul ridicat
sunt gata să facă faţă furtunii, nu le e frică de furtună.
Nu ştiu de ce bărbaţii sunt fericiţi când se însoară cu văduve tinere
Probabil deoarece bărbaţii plecaţi sub ţărâna rece iau forma dezamăgirii
iar noaptea le serveşte la morminte fosfor milos
probabil fiindcă dorul de cei plecaţi este o ruginire cinică.
Se simt fericite văduvele tinere se străduiesc să prindă anii care au trecut:
                    cireşe roşii
                    le atârnă ramurile nu pe pământ ci în cer

Cireaşo, cireaşo
scutură-ţi ramurile
şi peste sânii-nave
creează-ţi puţină furtună.

Călăreaţa moartă

Deseori mi se întâmplă ca, în spatele codrului, în spatele cărării să-mi aparăaia,
Călăreaţa moartă
        în spatele codrului, în spatele cărării
Mi se înfăţişează aia cu părul pe coama roşie sprijinit
roşul calului ţine sângele ascuns
        în spatele codrului, în spatele cărării
Goana continuă fără coduri de legende, izvorul spune: mi-e puţină sete
uşoară, capricioasă aidoma frunzei din ramuri se rupe aia - Călăreaţa moartă.
Nu vrea să coboare,
nu se gândeşte la mormânt
cu roşul sângelui lumânările le ţine aprinse
coroanele pomilor îi devin altar.
Deseori mi se întâmplă: în spatele codrului, în spatele cărării să-mi apară aia,
Călăreaţa moartă
        ... în spatele codrului, în spatele cărării.
Un trap pune urechea pe pământ, iar pământul se miră topit
Îmi îndepărtez urechea de pământ sus în cer văd pe Călăreaţa moartă.
Nu vrea să coboare,
nu se gândeşte la mormânt
cu roşul sângelui aştrii îi ţine aprinşi
Raiul - spune - târâş o să-l trag.
Şi se duce, încotro se duce nimeni nu ştie, ştie doar ea - îmi spune un stejar ars
şi de o viaţă, de când eram copii, o caut dar n-o întâlnesc: pe Călăreaţa moartă.

Am prins o privighetoare

Am prins o privighetoare din rouă
avea ochi două dimineţi
pomul avea mii de raze
Privighetoare - o
Am prins o privighetoare din lacrimă
măi, în ochii mei cânta,
măi, ca mine iubea
Privighetoare - o
Am prins o privighetoare din vânt
nu puteam să-i închid uşa
a fugit şi m-a lăsat sărmană
Privighetoare - o

Ospăţul modern al lui Shakespeare

Shakespeare liniştit deoarece a învins toate gloriile
străbunic care se joacă cu nepoţi de diferite rase
a oferit ospăţul operei sale.
Macbeth a venit cu iuţeală: sinonim al regilor ucigaşi
Macbeth Makthbëri 4) în vârtejul tragic s-a scufundat cu totul.
Oamenii la intrarea castelului îl loveau cu pietre, cu ouă, cu scuipături.
Ţipau: Hitler! Pinochet! Mobuto!
El însă doar râdea amar ca o ploaie atomică
ascuns după rochia însângerată a lui lady
murmurând: "Din nefericire istoria a fost făcută de dictaturi"...
     Numele de Hamlet convertit în verbul Sufăr.
Ler a venit cu un pas de baston râzând de sine însuşi
curioşii nu l-au lovit ba chiar începuseră să plângă
făcând eforturi să prefacă lacrimile în balsam:
El era înlăuntrul lor - o mie de necazuri cu membre şi cu inimi
aziluri triste, părinţi singuratici cu fete şi băieţi care nu au sigure nici numele.
Othello cu înfăţişarea lui Mandela
a venit cu un avion special de la sala de reanimare
în gâtlejul tăiat - crater: geloziile continuau să fiarbă.
Curioşii îşi coborau ochii prinşi vinovaţi
Femeile-Desdemona micuţe roabe ale telenovelelor
îi întindeau batistele ca să-şi lege rana
rana mai roşie decât trandafirul de mai.
     Numele de Hamlet convertit în verbul Sufăr.

------

4. Joc de cuvinte într-o singură sintagmă: Makth – coşmar, bëri – a făcut

Ofelia aproape invizibilă cu înfăţişarea unei lebede
Îşi pregătea ultimul cântec.
A intrat cu tărie. Curioşii înlăcrimaţi transformaţi în sălcii
 făceau umbră nevinovăţiei.
 Hamlet, ah , Hamlet părea drogat
 Alergând după fantoma Ofeliei.
        Numele de Hamlet convertit în verbul Sufăr.
Apoi intră alături de sute de alţi: regi, curteni, paiaţe, muzicanţi,
Îndrăgostiţi, cerşetori, farmacişti (cu viagra şi contraceptive în buzunare)
otrăviţi, omorâţi, răniţi, soldaţi, spioni, comandanţi,
                        poeţi obosiţi ca paznici de vulcane,
nopţi de carnaval cu băutorul Lunii la buric
prostituate, cluburi, haremuri, traficanţi de obiecte antice,
bolnavi de pestă, meşteri în nebunii.
Shakespeare liniştit cu paharul de vin în mâna dreaptă
cu cea stângă semna câte un cec pentru toţi
luându-le promisiunea: Nu-mi atingeţi placa cea veche a mormântului
                        vechi cât o piatră de moară
care macină grâul poetic al omenirii..
S-a făcut zgomot. Ciocnirea sticlelor a creat un trăsnet care i-a făcut
cu ochiul lui Ler.
Unii şi-au pus paharele pe buze dar nu au gustat din vin de frica otrăvirii
Romeo râdea în hohote. Julieta îl suspecta de trădare atras de ochii magnetici
                        ai Prinţului Danemarcei.
            Pe neaşteptate, Hamlet
            s-a transformat în prinţul Al Fard
            iar Julieta - în aluatul magic al lui Lady Diana.
        Numele de Hamlet convertit în verbul Sufăr.
Shakespeare cinic, probabil de repetarea uniformă
scuturând ultimele tărâţe ale imaginaţiei
meditând de ce privighetorile şi pitpalacii nu au fantome
totdeauna cu paharul de vin în mâna dreaptă
s-a hotărât să se arunce în Tamisa
unde se îneca într-o noapte de carnavaluri împreună cu băutorul Lunii la buric.

61

Scaunul adevărului 1

Mă aşez în scaunul adevărului
în faţă am chipurile lor.
Peste fereastră
Nişte păsări reale
încearcă să-mi vorbească
cu codul ciripiturilor.
Staţi, păsărilor, lăsaţi-mă în pace,
sticla de care vă loviţi
nu este un cer adevărat..
- Aţi fost întâmplător la locul greşit?
- Mereu suntem întârziaţi în mod greşit...
- Aţi văzut sânge pe chipul victimei?
- Era noapte şi vedeam cu lumina fulgerului...
- Vălul miresei părea însângerat?
- Nu avea văl, avea doar aripi şi flăcări...
- Dar pe ucigaş, pe ucigaş, l-ai văzut?...
- Şi ucigaşul era întins pe pământ
- Şi ginerele şi ucigaşul întinşi vis-à-vis
dar voi cu mireasa ce făceaţi acolo?
- Doar Domnul în cer o ştie...
Staţi, păsărilor, lăsaţi-mă în pace,
sticla de care vă loviţi
nu este un cer adevărat..

Scaunul adevărului 2

Eu nu te-am ucis
eu nu te-am ucis
eu nu te-am ucis
iubita mea.
La ora aceea mă plimbam prin grădini de lilieci
şi fiecare floare îmi este un alibi
- Nu, nu am ucis-o
niciodată nu ne-am certat
şi vreo altă femeie nu crea eclipsă.
- Dar chipul ei de ce mirosea a liliac
şi sângele ei avea liliac în el...
- Eu nu am ucis-o,
eu nu am ucis-o,
nu, nu am ucis-o...
ea însă
 din liliac era...

Scaunul adevărului 4: Laura cu turturelele, Laura

Laura cu turturelele, Laura
sub dafin de fecioare, Laura
picături de sânge dimineaţa, Laura.

- Nu, nu am ucis-o, nici nu am strangulat-o
Întrebaţi turturelele...

- Au vocea răguşită
Ţipând, ţipând de teamă...
Turturelele cu Laură brodate
Turturelele: plângătoare în ţipăt.

- Eu însă nu am ucis-o, nici nu am strangulat-o
Puţin după aceea aveam nunta, turturelele – muzica.

- Dar de ce turturelele se uită la tine cu teamă
şi frunza dafinului le pare ca un cuţit?

Laura cu turturelele, Laura
Turturelele spălate de rouă, Laura

Spălate cu sânge şi cu rouă, Laura.
La scaunul adevărului
într-o zi am adus turturelele...

Laura, Laura cu turturelele
Laura,cu turturelele, Laura.

Turturelele, nebunele
Se aprind ca focul să facă păcat
Ochii flăcăului se întorc noaptea.

65

Laura cu turturelele, fără noroc,
Lumina Laurei turturelele stropeşte
Flăcăul orb pentru turturele, nenorocire...

Laura cu turturelele, Laura
După ferestruici flăcăul ucigaş, Laura
Turturelele: nu mai facem nuntă, Laura.

Dragostea

(Sonată)

1.

Doi bătrâni aruncă
patul vechi...
unul pe celălalt
        îl privesc tăcuţi.
Plâng
zâmbind.

2.

Dragostea mea: capcană de argint la picioruşul cu clopoţel
Dragostea ta: sceptru de iarnă în mâna primăverii când se topeşte.
Dragostea, dragostea
şi vis şi lumină şi speranţă cu o legătură electrică.
Licuriciul, licuriciul
în liricele verii apare ca litere.
Dragostea mea cu o rană de mac pe braţul stâng
Cu un pian rănit cu soare de către zece spice de grâu
Macul printre lanuri de grâu
cu văl de rouă
s-a căsătorit.
Fata mea aleargă îndrăgostită
însoţită de un licurici.
Dragostea mea, dragostea mea: căprioara când se spală la fântână.

3.

Miracolele sunt minciuni din vremea trecută.
Mă simt jignit: mormânt jefuit, asaltat
unde eşti dragostea mea: tăcere oarbă, sânge auriu.

Unde eşti...Dacă mă iubeşti, dacă mă iubeşti
  împarte umbra în două
  şi creează
  un măr (sub cuţit)
  sub forma ţipătului NU...
Unde eşti... Regenerantă ca o salamandră
stropită cu puţin suflet de foc.
Unde eşti... Mă simt jignit.
  Mormântul este furat.

Cântecul bețivului:

Beau un pahar. Țip. Trântesc ușa.
Și ea mă iubește tare.
Nu beau. Stau cuminte. Vorbesc de viață.
Și ea mă iubește puțin.
O Doamne, mărește-mi alcoolul în sânge...

4.
Uite-te la o iubire care pleacă: pom abia ars de trăsnetul geloziei.
Femeio: cer sătul cu aripi zburătoare
L-ai părăsit pe prietenul meu și ai fugit - pasăre cu sânge amăgitor.
Prietene!
Încearcă din cenușa inimi niște fenix-e de iubire să aprinzi
Mâinile care se prind în dansul lung
vorbesc mai mult decât ochii

5.
Otrava unui șarpe mort nu are valoare: este stricată
Otrava unui șarpe este tare în culmea dragostei.

6.
Doi bătrâni aruncă
patul vechi...
unul pe celălalt
îl privesc tăcuți.
Plâng
zâmbind.

7.
Acest asfinţit cu cameleoni atât de repede se schimbă
Iar tu: amurg întârziat cu cameleoni.
Mâinile care se prind
în dansul lung
vorbesc mai mult decât ochii

8.
Cunosc pe cineva: scrie şi se grăbeşte spre moarte
e frumos să te duci spre moarte cu ritm poetic.
Mormântul său va fi măsurat cu hexametrul
Sicriul poate fi pur şi simplu o carte. Dar iubirile?
Unde eşti... Regenerantă ca o salamandră
stropită cu puţin suflet de foc.
Unde eşti... Mă simt jignit.
 Mormântul este furat.
Unde eşti...Dacă mă iubeşti, dacă mă iubeşti
 împarte umbra în două
 şi creează
 un măr (sub cuţit)
 sub forma ţipătului NU...

Trandafirul roşu care cândva fusese om

Acest trandafir roşu în cimitirul vechi
acum două sute de ani a fost om...
încearcă sărmanul să trezească memoria sub ploaie:
am fost ostaş
ostaş ucis
de aceea am petale roşii
căci dacă am avea steag alb
trandafir alb aş fi fost.

Nea Vulcanul şi Gheţarul

Nenea Vulcanul înlăuntrul Gheţarului
trage din lulea, fumează liniştit
Gheţarul îngheţat peste tot
surâde şi râde de bătrânul murdar.
Surâde şi râde doamna Gheţar 5)
iradiază ca o femeie în trădare.
Nenea Vulcanul ştie câtă minte are ea
Trage din lulea, o aprinde cu gelozie.
Începe să plângă doamna Gheţar
"De ce mă orbeşti cu fum, tâmpitule?"
Nenea Vulcanul încinge sânii ei
oftează ca un vapor "of şi uf".
Îi încinge sânii iar Gheţarul se topeşte
şi ca prin vis vede tinereţea
Când de patimă evapora, se ridica
şi împreună cu Danai arunca ploaie.
"Dar Nenea Vulcanul acesta încă nu a murit"
Nenea Vulcanul se scoală înfuriat"
Doamna Gheţar de foc topită
lava îmbrăţişează ca o nebună.
"Nu uita, măi Gheţar curvo,
chiar dacă voi muri într-o zi
voi apărea din nou.
Doar când te voi sparge în ocean
voi putea o sută de ani să dorm în linişte!"
----
5 Gheţar în albaneză este de gen feminin.

Văduva

V-aduceți aminte de văduvă, de văduvă...
A rămas însărcinată și râdeau de ea că rămăsese gravidă cu cel mort
Făcea confesiune la preot, și râdeau: burta i se mărește încet
                              flux sub Lună de distracție
                              a rămas gravidă cu cel mort.
Singură plângea în fiecare noapte, copilul l-a crescut plângând
Soțul ei murise în barcă în capcana albă a valurilor
Sub orgasm de furtună rămăsese însărcinată,
nimeni nu-i dădea crezare o înjurau
disprețul ca cenușa la vatră fără puterea focului.
Văduva: așa arată noaptea tufișul
Iar băiatul ce creștea frumos ca o picătură de lacrimă era leit taică-său:
                              Mute gurile satului.
Rămăsese gravidă cu cel mort.

Ne-am întâlnit în oglindă

Tu erai pe partea cealaltă a culoarului
Oglinda cea mare a tremurat: iubirea a aruncat o pietricică
                    în lacul cu bromură de argint
                o aripă de pescăruş a atins valul din bromură de argint.
Ochii tăi - păsări obişnuite în compania valurilor din argint
Pe dansatorii dimprejur oglinda îi privea cu un strabism mătăsos.
Ne-am apropiat de oglindă
- Unde lucrează soţul tău, te-am întrebat
- E ucigaş de cai îmbătrâniţi, mi ai răspuns
Iar aburul respiraţiei tale a acoperit încet oglinda
Un trap obosit de cai a apărut în fond.
Pe neaşteptate în oglindă a apărut şi soţul tău abia omorât de cai...

O ramură de cireş

O ramură cu cireşe se mândreşte că ar fi chiar o galaxie
O ramură cu cireşe
Îmbătat de mândria roşie un vierme se uimeşte şi se transformă în fluture
Fluture pe un ram de cireş....
Tu te piepteni în oglinda curţii iar ramura cireşului ceva îţi spune
despre o privighetoare care s-a rătăcit cu dorinţa: să te găsesc.
Privighetoare pe un ram de cireş....

Întotdeauna trădează cineva

Totdeauna trădează cineva:
marţea - pe luni
vinerea - pe joi
eu - pe tine.
     Calul Troian este o minciună artistică
     fiecare picătură de sânge: cal de suflet care arde)
Dimineaţa trădează seara
prin razele peste corpurile goale.
Totdeauna trădează cineva:
valul - malul
oftatul - buza
cerbul - cărarea
cenuşa - jarul
iar tu - pe mine, frumoaso
     (Cu mustaţa pensulă a lui Dali pictez lumea nebună)
Totdeauna, totdeauna trădează cineva
cei trădaţi sunt şi trădători.

Oratoriu despre tainele mici

Tainele dorm în colţurile fiecăruia: comori ale Atlantidei.
În fiecare dimineaţă mă nasc cu taine noi
în fiecare noapte mor cu taine vechi
taine cu coduri în papirusuri
taine cu naivităţi pe hârtii.
Taine taine taine.

Sunt câteva taine mici: cireşii care înroşesc
de ruşinea sufletului
cireşici ascunse
hrănite cu sângele
cuţitului banditului
taine-cireşici.
Tu ai plecat aseară şi mi-ai spus: dragostea se găteşte cu foc şi cu ţărână
nu mi-ai spus, nu mi-ai spus, nu mi-ai spus.
Tu ai plecat aseară fiindcă toate fugile încep când se întunecă
şi când axa Pământului se clatină de visuri.
Tu ai plecat aseară însărcinată şi te-ai întors lehuză.
Nu mi-ai spus nu mi-ai spus nu mi-ai spus.
Dar tu, micuţo, unde ai fost cu pieptul proclamat: afiş unde ai fost unde ai fost...
Fanfarele sunau ca nişte alibi: unde ai fost unde ai fost...
O lacrimă a picurat - tainică caldă cu sursă de lumină
ai plecat şi nu m-ai aşteptat.
Unele taine mici ca nuclee în beznă: foarte repede
devin pomi mari
caută numai lumină -
cireşici cu suflet.

Un bărbat a plâns fără să fie văzut de soţie şi de copii: încotro ai mers
încotro ai mers încotro ai mers
Unde te-ai dus paznic îndrăgostit de o căprioară
tu erai om iar ea - plină de nazuri.

Sunt câteva taine mici: cireşici care înroşesc
                              de ruşinea sufletului
                              cireşici ascunse
                              hrănite cu sângele
                              cuţitului banditului
                              taine-cireşici.
Tainele se nasc mici, lipsite de importanţă
în curând însă devin mari ca sinuciderea.
Unde ai fost unde ai fost tu.

Unele taine mici ca nuclee în beznă: foarte repede
                              devin pomi mari
                              caută numai lumină -
                              cireşici cu suflet.

Războiul

Soldatul ucis. Răsturnat.
Casca de fier: piele de broască țestoasă
                 capul ascuns de frică.
Sângele încă curge
ridichea e amețită
se întinde, cade jos.
Mai încolo: un steag alb -
             o altă floare tristă.
Un micuț omorât
cu coaja de pâine pe buză:
pâinea aidoma instrumentului muzical a înghețat.
Cineva plânge
cu lacrimi înnegrite de praful de pușcă
altul întreabă aiurit:
                 oare ține cască Dumnezeu?
                 ține Dumnezeu cască?

Cel dintâi Raport al unui extraterestru despre pământ

M-am întors de la planeta albastră:
                    buton pe cămaşa Universului.
Avea apă, ţărână, minereuri, animale, vegetaţie,
nişte fiinţe semi-inteligente
urlau în sus şi în jos
scuipau în sus şi în jos
nimiceau şi se auto-nimiceau.
Am luat şi vreo două-trei nume:
                    Galilei
                    Shakespeare
                    Einstein
ceea ce înseamnă istoria lor.

Au creat un Dumnezeu şi multe credinţe
trăiau foarte puţin:
          circa douăzeci de mii de învârtiri de axa lor
          se aprindeau în faţa sexului opus
          şi în faţa florilor fără sex
Făceau urgie şi beau vin
se îmbătau, râdeau de popoarele din alte planete
se uitau la filme naive în care mereu ne învingeau.
Mijloacele lor de zbor sunt limitate, cele de navigare, la fel.
Femeile lor sunt frumoase
am făcut cunoştinţă cu una din ele
ea folosea deseori un cuvânt
în limbi diferite:
                    I love you

Mon amour
Amore mio
Agapi mu
Ich liebe dich
Mi se pare că în acest cuvânt se ascunde cheia codului lor...
După ce o va descoperi
va pune pe hârtie un al doilea raport.

Cel de-al doilea raport al unui extraterestru despre pământ

Iertaţi-mi păcatele!
După ce am iubit
şi am descoperit codul Pământului
m-am hotărât să mă sinucid
întins
gol
pe un pat simplu
alături de o fiinţă magică.
Peste fereastră
In cer
Străluceşte trădarea mea.
Iubind
mă sinucid…
Doar la Zeul
Pământului
Mă supun.

Glume cu moarte

Se întâmplă câteodată ca femeile să vrea să ne vadă morţi
visându-şi viitorul fără noi.
Noi strănutăm: noroc, spun ele
având grijă să ne înconjoare gâtul cu fular
fireşte fără să se gândească ca să ni se transforme în ştreang.

Se întâmplă ca uneori tocmai noi să dorim să le vedem femeile moarte
Îl visăm viitorul fără ele
Ele strănută: noroc, spunem noi
şi le strângem ultimul buton al tricoului
fără să ne gândim să le strângem mai mult decât ar trebui.

Oratoriu despre apă

O dedic tuturor pământenilor

Gloria are logica apei: chiar dacă nu o cauţi, îşi găseşte singură nivelul.

În apa Gloriei:nenumăraţi cei înecaţi..

Dragostea fierbe ca apa: cunoaşte bine punctul de fierbere

Oricât de fierbinte ar fi apa,focul îl voi stinge

Fetus-ul când creşte în apele mamei se aseamănă la început cu un peşte de aur.

> *Peştele de aur se transformă în Prinţ: bebeluşul botezat 6)*
>
> *Cu apă de botez 7)*
>
> *această lume este botezată*

Optzeci la sută este apă la om

> *Din afară venele par albastre*
>
> *înăuntru însă sângele curge roşu...*
>
> *De ce îşi varsă apa roşie omul supărat ?*
>
> *Sângele: apă roşie*
>
> *Petrolul:apă neagră*
>
> *dar grindina bombelor care cad*
>
> *oare face parte din alchimie?*

Viaţa este apă iar sondele caută apă pe planete

> *Lumina vine de trântirea apei.*
>
> *Când tună zeii cu ploaie*
>
> *îşi ridică paharele:*
>
> > *Lumină! Lumină!*

Lacrimile sunt apă cu o sută de vrăji.

----

6)Joc de cuvinte: i pagëzuar în albaneză înseamnă botezat, dar cu o linie la mijloc, adică i pa-gëzuar înseamnă ne-bucuros n.n.).

7) Din nou un joc de cuvinte: pagë-zemërimi (plată de supărare).

Un om îşi găteşte două milioane de picături de lacrimi
atât cât durează drumul de la Pământ până la Pământul lui Dumnezeu.
Apocalipsa este apă
şi cel de-al Treilea Porumbel al lui Noe a zburat peste ape
Un nor-porumbel vine
cu o ramură de fulger
plin de ploaie de măslini
în ciocul care va deveni
axa Pământului.

Hristos a păşit pe apă şi cu puţine veacuri după el au apărut surferii

Aisbergurile sunt apă: de şapte ori filozofi.
Fiecare dintre noi îneacă un "Titanic".

Ţara mea înconjurată de apă: la mâini, la picioare, în inimă, la ochi
doar la buzele oamenilor încă se ridică mirajele deşertului.

Gheţarele sunt apă îngheţată
În topirea lor ascund cataclisme.
"Vocea Domnului său peste ape" 1)

----

1) Din "Biblie", Psalmul 24:3

Culoarul oglinzilor 4: O femeie la chitară

O femeie joacă la chitară
unghiile cu manichiură:
                    zece maşini roşii *"Ferrari"*
aleargă degetele prin pista corzilor
se ciocnesc pentru o clipă, se aprinde focul.
Apoi linişte, zece Scufiţe Roşii păşesc prin păduri visătoare
nici lupul nu apare, nici vânătorul.
Ea joacă la chitară şi o mare începe să apară
iar chitara din lemn se preface în navă
zece marinari sprinteni urcă în catarg zăresc coastele.
Joacă. Chitara devine Polifem cu singurul ochi pe frunte
zece aventurieri cu viclenie de Ulisse
cu îndemânare se eschivează sub nişte berbeci aurii
                    ca să-şi proclame libertatea.
Ea joacă şi eu joc cu ea şi cu chitara:
zece *"Ferrari"*, zece Scufiţe Roşii, zece marinari, zece aventurieri...
Aşa se întâmplă întotdeauna când ea joacă la chitară iar eu beau vin.

Culoarul oglinzilor 1 : Oglinzile ca ironie

Oglinzile mint totdeauna
de aceea sunt şi inventate.
Şi noi ce stăm în faţa oglinzilor
numai când murim înţelegem ironia vopsită în puţin argint şi în puţin lac.
Braţul stâng oglinda mi-l face drept şi eu ţip degeaba:
jos cu cei de dreapta!
Oglinzile mint totdeauna
de aceea sunt şi inventate.
Un trandafir alb ţi l-am aprins printre părul negru creţ:
drapel de predare
dar în culoarul oglinzilor
trandafirul meu
se juca aidoma unei iluzii
de deghizare.

Oglinzile mint totdeauna
de aceea sunt şi inventate.

Marea şi cerul joacă mereu rolul lui Narcis şi al oglinzii.
Un stejar este păcălit de umbra lui Whitman
o salcie – de umbra lui Auden.
Ofelia nu s-a înecat în cursul unui râu
ci s-a scufundat în argintul unei oglinzi obosite de dialogare.

Oglinzile mint totdeauna
de aceea sunt şi inventate.

Eu ies pe străzi imediat după ce mă uit în oglindă

                              şi înţeleg că nu sunt frumos
şi-mi dau seama că minciuna oglinzii nu valorează mai mult ca oglinda
în casa lui Freud
înţeleg că tu, chiar dacă ai fi ieşit din alchimia oglinzilor
nu ai pune oglinzi înlăuntrul coşciugului.
Tăcerea este o oglindă cu conştiinţă oxidată
oglindă ce se sinucide în fiecare zi de către lumină
oglindă cu miraj alarmat
şi în oglindă adevărurile se rup.

Oglinzile mint totdeauna
de aceea sunt şi inventate.

Triunghiul Bermudelor

Un triunghi face un Pitagora.

Pe un triunghi se spânzură un om
triunghiul poate servi ca pendulă la un orice ceas
care îşi asumă să facă istoria.
Un cerc înlăuntrul triunghiului face o cătuşă
cătuşa nu face nimic fără mână…
deschide-ţi pumnul globului cu cinci degete
Abracadabra - triunghiul negru.

Doi triunghiuri fac o stea a lui David

La trei unghiuri stau trei evrei
La trei unghiuri trei kamikaze
(Propunere tristă:

>   *Se poate ca Fâşia Gaza*
>   *s-o folosim ca o curea pentru ceasul de mână,*
>   *fără câtuşi, fireşte)*

Trei triunghiuri fac o piramidă
Înlăuntrul ei doarme un faraon
dorm însă şi milioane de sclavi
   lovituri de stat
   palmieri de sânge
   mări de otravă
iar asupra tuturor: balsam.
   Printre tancuri: Bethlehem.

Patru triunghiuri fac trei sicrie
şi un pistol. O câmpie de marijuana
şi trei poliţişti. Trei boşi şi un iaht
o prostituată şi trei masculi. Trei râuri
şi un ocean.
Printre tancuri: Bethlehem.
Cinci triunghiuri fac un vapor şi patru catarge.
Patru curente şi un rechin.
O chemare şi patru de "sos!"…
Şi pe toţi:

        Pitagora
        David
        evreii
        kamikazele
        Fâşia Gaza
        ceasul
        cătuşele
        Spânzuratul
        globul
        faraonul
        sclavii
        Bethlehem
        marijuana
        pistolul
        sicriele
        poliţiştii
        boşii
        yahtul
        prostituata
        probabil şi… EU
        cădem în acea capcană cu numele exotic:
                BERMUDE

Culoarul oglinzilor 2: Corpul tău

Cerul dimineţii s-a expus: încercarea cu păsări a lui Da Vinci.
Nesemnificativă ca eclipsa Lunii faţă de Soare
ca urma avionului cu reacţie pe obrazul virgin al cerului
erai tu...Totuşi erai eclipsă erai şi urmă de avion cu reacţie.
Timpul mi-a dat trupul cu răni după ce l-am tratat, l-am costumat.
În Iad coboară la stânga...ş i tu dormi la stânga: la respiraţia moale
prinde aripi smântâna visării.

Trifoiul cu trei frunze: trinitate
Eh, tu erai trifoiul cu patru foi:
pământul, aerul, focul şi apa unul în celălalt topit.
Timpul mi-a dat corpul tău în schimbul sufletului.
Femeile pline se aseamănă cu chitarele
fetele fragede sunt viori
când eşti muzicianul lor în Rai, urci fără scări
Cei din Rai Paradisul îl numesc Balamuc..
Cerul dimineţii s-a expus: încercarea cu păsări a lui Da Vinci
se narciza cerul într-o fântână unde norii se întindeau ca să moară.
Tu veneai printre pomi întreaga limfă şi clorofilă
Eu - un trunchi uimit în faţa ta: pe neaşteptate ma-am umplut
de frunze şi privighetori.
Nesemnificativă: cădere de zăpadă pe pământul adormit
creare a unui vierme în miezul mărului.
Totuşi erai cădere de zăpadă şi perfidie de vierme.
Trifoiul cu trei foi: trinitate
Eh, tu erai trifoiul cu patru foi:
pământul, aerul, focul şi apa unul intr-altul topiţi.

Când te aşezi să mănânci cu un rege...

Atenţie!
Coroana regelui deseori devine capcană pentru piciorul iepuraşului săracului!
Atenţie când te aşezi alături de un rege.
Masa unui rege este bogată:
        în fiecare farfurie poţi găsi un Cap Ioan Botezător
        ba chiar ascuns într-o rodie...

Rodia regală
cu ghirlandă de rege
sub o ghilotină de toamnă se sparge.

Atenţie când râzi, atenţie când auzi râsetele Lui
Lasă atonicele să albească lanurile noi
chiar şi atunci când El va tuna!
Atenţie cu muzica
cu notele ce trec prin pentagramele mulţimii furculiţelor
aidoma capetelor sub ghilotină.

Rodia regală
cu ghirlandă de rege
sub o ghilotină de toamnă se sparge.

Atenţie cu paiaţa, poartă-te frumos cu el, serveşte-i vin
deseori paiaţele sunt miniştri de interne gătiţi cu fiere.
Când te aşezi să mănânci cu un rege
dacă ai de gând să-l omori
mai bine este să te sinucizi.

* * *

La izvor
Căprioara
bea apă
cu mine.
O privesc în ochi
mă privește în ochi...
Dacă aș fi cerb
aș lua-o
soție.

Cuţite de ciudăţenii

Nu adunaţi fecioarele sub ploaia lui Danaos
nu inspiraţi cerurile să inventeze ploi
legaţi ochii ideilor aidoma fiului lui Butterfly
şi sinucideţi-vă cu nişte cuţite de ciudăţenii.

Un cuţit este coca navei dorinţă
care s-a dus spre miraj şi s-a oprit pe nisip
(Ah, ce erai tu, nudă, bronzată dulce
iar eu întins sub tine - o plajă întreagă!)

Un cuţit este setea la buzele celui omorât
şi croncănitul unui corb care se plimbă vis-à-vis
(Ah, ce erai tu, subţire – ca un firicel de iarbă
tremurul sufletului tău gelos făcea lumânările...)

Un cuţit este sticla la buzele celui îmbătat
şi vinul ce stropeşte nişte păr mătăsos
(Ah, ce erai tu - şi mierea şi fierea
şi sufletul meu ucis ce se plimbă afară).

Ospăţul racilor

Sfârşitul de săptămână la plaja golită
găseşte racii în ospăţ

    Noi mergem îndărăt
    dansăm îndărăt
    deşi încotro mergem nimeni nu-şi dă seama.

La mal cadavrul unei femei
e înecată nu ştim cum

    Noi mergem îndărăt
    dansăm îndărăt
    nu acceptăm înecaţi în ospăţ.

Noi mergem îndărăt
    dansăm îndărăt
Această femeie are ochii holbaţii
şi semne are pe obraz

    două întrebări mi-au făcut o libertate.

Două întrebări mi-au făcut o libertate.
Cine este ea, cine este el
în care seară a avut loc crima
în ce barcă, sub care stea
de ce camera Lunii nu a filmat-o
de ce s-au dopat urechile cu ceară

Aceasta nu este o sirenă, nu este anonimă
are un nume, are o mamă
deşi două cuţite are în inimă
şi spuma valurilor o spală

> *Noi mergem îndărăt*
> *dansăm îndărăt*
> *iar marea durerea nu poate s-o spele.*

Elegie

Vesta suflată în aur
inima suflată în doliu
Nu ştiu în ce vis ne-am văzut,
în ce trezire ne-am trezit, nu ştiu.
Te am sărutat pe buze din carne
m-ai pupat cu buze cireşe
printre buze: un cuc care a ţipat
un cuc care din nou a adus doliu.
Vino să plecăm, ţi-am spus, să plecăm
departe unde nu ne cunoaşte nimeni
unde Dumnezeu cu lutul sufletului
îl va face pe noul Adam.
Tu însă plângeai tăcută întruna
cu lacrimi - litere în ochi
în care citeam îmbătat
mizeria mea de om.

Două gânduri

Când mă gândesc la tine
stau în poziţie verticală:
            săbiuţă într-o mână de iubire.
Rana pe care o voi deschide în trup
o voi preface în pasăre
între aplauzele trandafirilor.
Când te gândeşti la mine
stai în poziţie orizontală:
            săgeată a unei busole ciudate
              eu - câmpul magnetic.
În ce pădure ne-am rătăcit
şi ce povestitor de basme ne va găsi...

Ceasul vechi

Surorile vor să-şi cumpere un ceas nou
mama însă se împotriveşte. Nu ştiu de ce.
Ceasul vechi tic-tac pe masă
neapărat stă de vorbă cu ea.
Fraţii vor să-şi cumpere un ceas nou
tata însă se împotriveşte. Nu ştiu de ce.
Ceasul vechi tic-tac pe masă
cu fidelitate numără o vreme nouă.
Când se întâmplă ca ceasul vechi să se strice
la ceasornicar se duc ambii părinţi
că parcă s-ar opri amintirile
în ceasul învelit cu batistă.
De aceea mama şi tata îmi par
ace ale unui mare ceas:
uneori se închid încet ca un sărut
alteori se deschid ca braţe îmbrăţişate.

Sacrificarea Euridicei

Pe o palmă: Iadul, pe cealaltă: Raiul.
Caron obosit înflăcărat în barcă
le apropie pompierilor toţi aburii dimprejur.
Luceafărul cu luminiţa
                    În lampadarul-cadavru
dă ordin demonilor să sune la oboale.

Euridice cu aripi de înger zboară spre lumină
e agăţată cu vârf de degete de harpa lui Orfeu.
Nu întoarce capul tinere, nu întoarce capul fricii
                să nu-ţi pierzi pe cea vie moartă
                să nu-ţi pierzi pe cea vie moartă
agăţată cu vârf de degete de harpa lui Orfeu.
L-a întors însă…Cu vrere l-a întors...
O clipă de slăbiciune. Un murmur de demon la ureche
Oboale, oboale, oboale ce sună: funebru. Euridice moare din nou.
La toţi bărbaţii la fel se întâmplă: îşi întorc capul în mod greşit
şi tot greşit Euridicele alunecă: amintiri vâscoase.
O, numai o întoarcere de cap şi amintirea se stinge
aripa fluturelui se arde uşor şi aceasta nu miroase a iad.
Nu-ţi întoarce capul băieţaş harpa plină de sunete din umeri alung-o,
alung-o căci sunete liniştitoare peste cadavrele înfocate verşi.
Euridice se stinge: flacără magică
                pe umerii udaţi de roua Luceafărului
                mantaua toga umbrei nemuritoare îşi aruncă
Orfeu eliberat fluierând un motiv de Beatles
cu harpa pe umeri prin drumurile aventurii se plimbă.

Dansatoarea demnă

O dansatoare cumsecade s-a pierdut prin ceața ochilor,
peștele zburător râde cu pasărea care zboară în cer și nu în mare
eu mă străduiesc să-mi dezbrac pielea masochistă
așa cum își scoate șarpele propria piele.
Pe dansatoarea cumsecade caut.
Se spune că a fugit cu vapoare spre Apus.
Găsiți-o pe dansatoarea cumsecade,
găsiți-o măcar ca o povestioară.
Picioarele mi s-au îngreunat de plumbul mizeriei.
Găsiți-o pe dansatoarea demnă
și vă promit: voi părăsi maimuțele Zarathustrăi
și până la îmbătare voi dansa
                    aidoma sărutărilor între două buze.
Găsiți-mi dansatoarea cea demnă.
Cineva mi-a spus: ea e ascunsă
prin marile cutii poștale, arhipline cu dureri de refugiați.
Aceasta însă nu este adevărată.
Cum de poate ea să danseze într-o cutie închisă
                    unde întunericul sărăcește giuvaerurile?
Găsiți-mi, găsiți-mi dansatoarea cea demnă
căci numai lângă mine pantofii îi devin magici
iar corpul îi devine lejer ca mesteacănul 1)
când cerul îi cere mâna, ca un logodnic
iar sufletul îi prinde aripi ca în legile zeilor.
Găsiți-mi dansatoarea cea demnă, găsiți-o chiar și ca o povestioară.

------

1) Mesteacăn în albaneză este de genul feminin.

Sete

Mi-e sete. Deşertul râde de mine
îmi vine în ajutor memoria, îmi oferă un miraj:
tu proaspătă, mare de vin
într-un nudism mătăsos *
Mi-e sete vreau să beau dar toate malurile le-au otrăvit
Şi nu-s în stare să inventez o oază:
Ochiul tău frumos - albinuţă rătăcită
absoarbă rouă din flori vărsând-o pe ale mele buze..

---

*) În original e un joc de cuvinte: i mënd-afshtë (minte înfocată).

Îndoliată

Este un funeral invizibil: aer cu tămâie
                unde nu îndrăzneşte să ofteze nici un drac
de pildă tu cu aureola îngerului deasupra alături de altcineva râzi de mine.

Deoarece şi Prinţesele Mac ţin la guşă coliere negre.

Vântul dezlănţuit bate şi jigneşte salcâmii înfloriţi iar florile picură vină.
Salcâmi ca într-o rugă mâinile cu pomeţi de petale ating cerul în mai.
Sosia mea din vânt a început să plângă
Turturelele nu s-au temut au scuturat puţin ramurile curăţându-şi penele.
Sosia mea din vânt a atins veriga neagră a guşii:
                                turturelele au plâns în hohote.
Deşi de veacuri turturelele ţin la guşă coliere negre
Este un funeral invizibil: aer cu tămâie
                unde nu îndrăzneşte să ofteze nici un drac
Deoarece şi Prinţesele Mac ţin la guşă coliere negre.

Zăpada cristalină

Cristalină zăpada din New York
deşi gătită cu ceruri murdare,
                    coboară încet
                    cu ascensorul transparent
                    care se foloseşte în Rai.
Şi împreună cu ea coboară şi o amintire
care foarte bine poate deveni un om de zăpadă
căruia îi lipseşte doar puţin jar
                    ca să se transforme în Tu.

* * *

Tu eşti focul iar eu fumul
în clipa eliberării de sub lemn
spre extazul aerului.
Ne sărutăm şi ne stingem.
Nimeni nu ne vede încotro ne îndreptăm.
Aburi de iubire ne învârtim prin ceruri
oxigen săturat cu patimă.
În lumea aceasta unde lipsesc locurile vrăjilor
e bine fie şi o clipă
vis de foc să fii
vis de foc să fii.

Radiografia Toamnei

Pe cer a mai rămas radiografia toamnei: nori şi ploi.
> *Picături de ploaie, tuse de nori*
> *cer plictisitor şi azil de bătrâni.*
> *Mi s-a transformat camera într-o mare închisoare*
> *afară ploaia păzeşte ca un gardian.*

În singurătatea mea cerul se ridează de bătrâneţe
care apasă ca o piatră tombală.
Lucru ştiut: orice lucru moare la singurătate şi omul, şi pământul, şi iarba.
De aceea sparge uşile închisorii şi toate ferestrele temniţei sparge-le
nu are importanţă dacă se rupe şi vreun os
deşi rana nu are importanţă dacă te doare din nou
doar un lucru să aibă loc neapărat: niciodată în singurătate!
Afară! Afară! Afară!
Azi voi sparge în genunchii mei Luna şi fulgerele!
Nu vreau să îmbătrânesc într-o singură noapte
Iubito, unde eşti?
Tu doreşti să dăm jos de pe scaun regele prost al ploilor
să te îmbraci frumos într-o rochie de pasiune
sub un cer albastru de dorinţe!

Afară! Afară! Afară!
La tine, iubito, vin
sus cerul care tună se aseamănă cu un balamuc!
Ploaia atacă cu săgeţi singurătatea mea, se aşează pe umerii mei fragezi
Ieşi la pervazul fulgerelor, rege tâmpit al ploilor,

> Uită-te la noi!

> *Noi suntem două buze*
> *într-un pahar de dragoste!*

Saga cinică a clonării 1

Dumnezeu a creat pe Adam şi pe Eva din lut
Noi ne-am creat de tată şi de mamă
Cei clonaţi: de spermă şi de farfurie.
Se va mări globul cu oameni noi-nouţi
care dacă plâng nu vor ofta : o mamă!
Ei vor crea istoria lor
nu vor inventa focul, ci vor avea pe Columbii spaţiului
şi vor spune: noi suntem superiori
şi se va naşte rasa cloniană fără mormintele părinţilor.
Nu vor face altoirea merelor, ci piese de schimb pentru noi
cele nouă luni: revoluţia lor.
Simţind sclavia ei se vor răzvrăti
iar noi înfricoşaţi vom începe constrângerea:
vom crea Aushwitz-ul lor
Israelul lor, Fâşia Gaza şi probabil Albania lor.
Într-o zi ei se vor căsători numai între ei
fiii şi fiicele noastre vor fi atraşi
de organele lor genitale
vor fi şi trădări, şi omoruri, şi spânzurări
şi dat fiindcă noi cu viaţă scurtă
vom muri mai devreme
ei se vor răzbuna experimentând
naşterea cu mame gravide.
Apoi s-ar putea ca Dumnezeu să nege
crearea lui Adam şi a Evei din lut
şi vreun poet – din neamul nostru – va scrie:

o mama mea, Farfurie!

Saga cinică a clonării 2

Arabul Mahfuz a cerut să fie clonat
fără piramidele din Egipt
fără Premiul Nobel, fireşte.
Dacă ar fi clonat Shakespeare
cel de-al doilea n-ar fi scris tragedii
s-ar ocupa de trafic de droguri
de nume de traficanţi codaţi:

Macbeth

Hamlet

Ofelia.

Napoleon clonat ar râde de Austerlitz
şi ar patina în gheţurile din Rusia
o altă Josephina ar iubi trădând.
Dacă am clona pe Ali Paşa
cel nou i-ar lua capul în mâini - busolă
neapărat ar fi cerut iertare pentru Suli şi frumoasa Praga.
Hitler dacă ar fi clonat
lumea ar tremura doar o clipă ca frunza în furtună
dar în pace ne-ar fi lăsat celălalt:

El nu sunt Eu

Am putea clona şi pe Borges
cu ochii negri:

două puncte de gândire

Pe Einstein cu o viteză de lumină - Vis de omenire
Dacă am fi clonat istoria noastră
şi totul l-am face diferit: balenele ar zbura în cer

iar în mare ar înota rândunicile.

Saga cinică a clonării 3

Un mânz frumos clonat
cu un nor alb pe fruntea cu fire strălucitoare.
Mâine voi învăţa abecedarul supunerii
algebra biciului,
filosofia infernului în dinţi
indispensabilitatea pantofilor de fier:
Cai de Hristos bătut în cuie.
Voi învăţa puţină istorie: pe calul... CaliGula(g)* l-a făcut senator
cu un cal de lemn Ulisse a cucerit Troia.
Mai apoi o să învăţ străzile
voi vedea numai drept înainte:
(la stânga şi la dreapta se uită numai oamenii)
Aidoma tuturor elevilor mânzul va pune întrebări
răspunsurile însă vor rămâne fără rost: hrană din aur.
Târziu foarte târziu
când mânzul va îmbătrâni va înţelege
că jocul cu el a fost mai frumos
decât jocul lui Ulisse cu Caligula**)

------

*) Kali - în albaneză înseamnă calul, iar Gula(g) face trimitere la lagărele oribile Gulag.
**) Caligula - Împărat roman

Cântecul prostituatei : Minune fără dragoste

Ia-ţi instrumentul, umblă prin oraş, prostituată uitată
sună la unealtă cu măiestrie divulgă-ţi cântecele
                              ca să poată să te înţeleagă...
Mai bine cu cântecele decât cu picioarele. Învârtă-te şi cântă.
Un cântec are mai multe arome: şi scorţişoară, şi busuioc
e ce diferenţă este între tine şi lupoaica înfometată din pădure.
Ia-ţi unealta prostituato uitată şi adu-ţi aminte de dorul ce face lăstari noi

> *Lasă-i pe băieţi să se învârte:*
> *Fire de zăpadă în jurul unui pom hazardat*
> *lasă-mă pe mine*
> *din sâni de lupă până la pierdere voi bea*
> *fiinţă fragedă uitată,*
> *amărăciune uitată,*
> *minune fără iubire.*

Ia-ţi instrumentul şi din corzile sale obosite
scutură roua unui flirt rămas
scutură un vis gol, scutură un umăr disperat de bărbat
la un bar plin de untură alături de o vatră cu jar stins.

> *...fire de zăpadă în jurul unui pom trăsnit*

Bea-ţi paharul cu vin până la capăt
lasă-ţi râsetele rupte cu aşchiile lor să ne însângereze răutatea după sex
să nu râdem de tine şi să te mângâiem până la durerea noastră cu neruşinare.
Ia-ţi instrumentul. *Mai bine cu cântecele decât cu picioarele.*

Deşi instrumentul plin de găuri de mult suferă de erodarea moliilor ostenite,
Carnea ta încă aprinsă
parcă face harakiri cu pielea amurgului unde doarme un liliac neruşinat.
Ia-ţi instrumentul şi cântă despre caii gigolo de altădată care nechezau
în nodurile fermecătoare între picioare
Mai bine cu picioarele decât cu cântecele.

Cântă, tu amărăciune uitată, minune fără dragoste deşi în cântecul tău
Pe furiş intră bărbaţii, bărbaţii, care dorindu-te te părăseau...

* * *

De la fereastra deschisă
vin sunetele pianului...
Ce degete în aer!

* * *

Afară scârţâie grindina
la cafenea bătrânii
îşi aruncă zarurile.

* * *

O zmeură coaptă:
Othello în faţa Desdemonei
pe scena mâinii sângerează.

Boticelli

Batjocoritor şi dispreţuitor, modern până la erezie
                              o Primăvară asemănătoare cu Magdalena
cu o vacă a Domnului vicleană care cunoaşte jocul triunghiurilor iar coada
                                        o transformă în pensulă.
Triunghiurile Boticelli, triunghiurile de la Steaua lui David până la Bermude
Triunghiuri Arca lui Noe, triunghiuri Piramidele faraonilor,
Triunghiuri cu ochi ciclopici iar la cei 10 dolari
nişte nori sub formă de vaca Domnului din albi devin cenuşii:
                                        fleacuri în pânzele pictorilor.
            Plouă
                sau cerul s-a perforat
                de ghimpele coroanei lui Hristos
                sau culorile lui Boticelli picură din pensulă...
(Vacii Domnului îi lipseşte coada!)
S-a umplut această lume cu coduri şi simboluri, cu sosii:
                                        se îmbată şi râd de originali
Boticelli e atras de amurgul iluminat: creştinii ard cărţi şi picturi în orizont...

Batjocoritor şi dispreţuitor cu nişte îngeri turnători care o păzesc
                                        la ordinul lui Magdalena
iar Magdalena pozează în faţa lui Boticelli cu nişte flori alibiene pe corpul gol.
Cineva a adunat pietrele batjocoritor, Hristos le-a amestecat cu nişte
picături de sânge,
 le-a transformat în flori
a acoperit prostituata şi spun că a murit...

**) La Florenţa, Savonarola a ars numeroase cărţi, picturi etc., care erau anticreştine.*

"Primăvara" lui Boticelli nu este goală.
Lipsesc reformatorii.
Inchizitorul chef : Teama.

Plouai
sau cerul s-a perforat
de ghimpele coroanei lui Hristos

Codul lui Da Vinci, Codul lui Boticelli, Codul lui Newton, Codul lui Hugo:
în cocoaşa triunghiulară a lui Quasimodo
sicriul Esmeraldei nu încape...
Vino Boticelli picturile tale ca nişte cărţi de joc le folosim
în tavernele întunecate
în tavernele zgomotoase unde vinul nu crede că este sângele lui Hristos
pe mesele pline de untură: tablou original îmbătate dansează nişte femei
şi unde o vacă a Domnului cu roşul vinului îşi colorează pensula - coadă…

Şeherazade: 1001 de nopţi după 11 septembrie 2001

În prima noapte la New York s-au topit două lumânări
doi fluturi au topit şi sufletele vântul le-a înghiţit
ţipetele au trezit Babilonul.
La cea de-a doua noapte tăcerea a devenit sicriu prin labirinturi s-a
ascuns adevărul
La cea de-a treia noapte Şeherazade a trecut hotarul de la basm la viaţă

> *Hamamgiule pregăteşte baia cu arome de iasomie*
> *pregăteşte-te să-i spălăm rănile să-l facem ginere pe Nuredin*
> *Ginerele tău înotând în sânge...Fluviul Tigru curge cu flăcări*
> *Hamamgiule pregăteşte baia cu arome de iasomie...*
> *Grădini din Babilonia, scoateţi-vă mânia primăverii*

La cea de-a două sute zecea noapte
Intr-un coş s-a găsit o femeie,
Sfârtecată masacrată
trei mere, trei mere au omorât-o,
trei bombe sub formă de măr
Vizirul şef nu e de vină, vinovat sunt eu, ginerele ei
Geafar nu e de vină, vinovat sunt eu ginerele ei
i-am dat trei mere ale arapului negru,
trei bombe sub formă de măr...De vină sunt eu, Babilonule
Eu sunt de vină, Babilonule!
Trandafirul uitării de ce este albastru
în cea de-a treia sută cincizecia noapte.
Atenţie la muzeul din Bagdad
deşi trandafirul uitării este albastru

are culoarea cerului lui Dumnezeu: Dracul închis în sticlă de două mii de ani
Atenţie la trandafirul albastru al uitării
deşi libertatea a fost încătuşată timp de două mii de ani
a reuşit să inventeze cai şi covoare zburătoare (primele proiecte de avioane)
Albastru, albastru trandafirul uitării...
Eunucule, prietene, lasă-mi fiul să-l mângâi
în cea de-a patra sută noaptea, să-i gătesc un dulce cu suc să-i sting setea
şi zăpadă să-i pun pe rănile care îi ard în deşert, în a patru suta noapte...
Nişte fiinţe cu aripi de duraluminiu i-ai nimicit braţele lui Ali
acum Ali este avion fără aripi în cerul ars al durerii
Ali speră să-i pună alte braţe
probabil nişte braţe mărunte de avion
s-ar putea nişte lăstari visători din grădinile Babilonului
sau datorită unei înţelegeri secrete cu îngerii
el va obţine nişte braţe cereşti
pe care când le va trânti
de curentele aerului
migdalele vor fi atrase să-şi continue înflorirea
lăstarii din Babilon se vor avânta în tăcere de tristeţe
deşi în locul florilor
vor înflori doi ochi curioşi şi rugători
cu lumini sărmane de gândire.

Hamamgiule, pregăteşte baia cu arome de iasomie...

Şeherazade: 1001 nopţi după 11 septembrie 2001

(Continuare)

Deşi Tigrul curge din grădina Edenului
apa din cadavre vine tulbure
... Păşesc nuntaşii în deşert
în noaptea a patru sute cincizecia
nuntaşii în aer trag
în noaptea a patru sute cincizecia din tragerile în deşert
trăsnetele devin geloase în noaptea a patru sute cincizecia.
    Nunţile ce mai sunt nunţile ...
      oare sunt nuclee de kamikadze...
Atunci aruncă asupra lor
şampanie de praf de puşcă
rachete şampanie
nuntaşii deşertici
în sânge fac baie.

    Hamamgiule pregăteşte baia cu arome de iasomie
    vin nuntaşii să-şi spele rănile cu aromă de iasomie
    deşertul vine însângerat cu reflexe de rubin
    hamamgiul pregăteşte baia: a început veacul blestemului...

Deşi Tigrul curge din grădina Edenului
apa din cadavre vine tulbure.
Iată se vede cadavrul lipsit de cap: navă fără busolă.
Curge şi trece fluviul Tigru
cu cadavrul lipsit de cap: semn de întrebare fără punct.

Şeherazade: 1001 de nopţi după 11 septembrie 2001

(Ostaşul nou din Bermude)

A cunoscut cosmografia vie babiloniană şi vârtejurile cosmice ale Bermudelor
a cunoscut genealogia albinelor: vin la Bagdad
Prinţului rebel din Bagdad sultanul i-a tăiat capul: cadou pentru Poarta Serraglio
(două sute de ani mai târziu - la fel şi cu Saddam)
Ostaşul nou din Bermude se învârte în vârtejurile deşertului
                    Fără să-şi dea seama
                    că este omorât.

Ostaşul nou in Bermude

A cunoscut obiceiul vechi al albinelor: nu umblă prin florile naturale
ale mormintelor
                deoarece mierea din morminte este amară.
În mormintele din Bagdad nu sunt albine iar umbrele amintirilor nu dau miere
                    fagurii aştrilor curg venin.

Ostaşul nou din Bermude

Cineva a zis că avioanele nu au umbră fiindcă nu sunt albine
ba chiar avioanele sunt albine doar cu acele-bombe cu bombele-ace:
                m-am pierdut m-am pierdut m-am pierdut

Uciderea lui Eschil

Eschil obosit după ce s-a luptat la Marathona şi Salamina
s-a dus să se odihnească
în satul Gela undeva în Sicilia.
Era amiază şi aşezat printre pietre
îşi-aducea aminte de Prometeu legat de piatră
îşi aducea aminte şi de un vultur
când ciocănea splina lui Prometeu
şi probabil la întâmplare vulturul a săgetat
a prins o broască ţestoasă
şi pentru a-i sparge carapacea s-a suit în cer
(o broască ţestoasă cu scut de luptător înota în cer:
                    navă de frică în mare de Salamina)
şi a trântit-o de capul învechit al lui Eschil...
fie capul i s-a părut ca o piatră albă
fie a omorât-o cu conştiinţă de vultur
fiindcă poetul îl făcuse inchizitor
sau altcineva l-a omorât pe Eschil
deoarece se răzvrătise împotriva Zeilor
şi a produs legenda vulturului şi a broaştei ţestoase
pentru a râde de creatorul lui Prometeu.
(În consecinţă a luat naştere Mafia).

Există o țară...

Există o țară unde frunzele se folosesc în loc de bani
verzi ca dolarii, galbene ca aurul.
    Există o țară unde frunzele se folosesc în loc de bani.
Cu o frunză galbenă îți cumperi un mânz din nor cu paftale de trăsnet
cu o frunză verde îți cumperi o privighetoare cu gâtlejul aprins de cântece.
Cu două frunze îți cumperi doi ochi și un zâmbet...
- Dar cu trei flori pot oare să-mi cumpăr un bărbat de vis?
- Nu, cu flori nu poate fi cumpărat, cu flori doar poate fi păcălit.
    Există o țară unde frunzele se folosesc în loc de bani
Cu patru frunze galbene poți să-ți cumperi o plajă
locuită de sirene. Poți să-ți iei și o barcă cu un pirat și două pânze.
Cu cinci frunze verzi poți să-ți cumperi orice: o rândunică, o albină,
o libelulă cu aripile ca foaia: scrisoare de dragoste din partea primăverii.
- Dar cu două cireșe pot să-mi cumpăr un leagăn de bucurie?
- Cu fructe nu poate fi cumpărat, doar cu fructe poți păcăli.
Există o țară unde frunzele se folosesc în loc de bani
verzi ca dolarii, galbene ca aurul

New York-ul fără rândunici

La New York nu sunt deloc cum de nu sunt rândunele!?
Deci cerul New York-ului este rece
fiindcă la subţioara zgârie-norilor
rândunicile nu-şi construiesc cuiburi...
Îmi deschid dicţionarele şi găsesc cuvântul rândunea
găsesc pe undeva un cuibuşor cu puţin lut şi cu puţină iarbă.
Data viitoare voi aduce cu avionul două rândunele
la Manhattan în buzunare le voi ţine
chiar dacă voi părea ca un nebun
chiar dacă voi părea cam diferit
ceea ce contează se ca New York să se obişnuiască
                    cu surpriza rândunică.

Oratoriu despre albine

Albina regină hrănită cu lapte regesc
Trăieşte de cinci ori mai mult decât celelalte albine
iar acul ei mare este o rachetă cosmică în galacticele albineşti
de aceea florile, chiar dacă ea nu se duce la ele, îşi apleacă coroanele
şi în lipsa sexului îşi pictează petalele în orgasme solare.
Ca în sărbătoare sunt albinele în clipa înmulţirii
ba chiar sunt imitate de către oameni.
Această natură care moare zi cu zi absorbind ura prafurilor-se exprimă albinele
şi această regină cu un galben de toamnă în braţele de Hiroshima
aceste flori tragice în jocul cu rădăcinile - spun eu
şi aceşti oameni obosiţi ce se străduiesc să râdă în schimbul învingerii-spun tot eu
această lume rotundă : sân proaspăt tăiat de cuţitul atomic - spun eu şi albinele
totul este o speranţă din miere - spun eu şi albinele în ochii mici ai albinelor:
        stupii sunt hexagonali - spun eu
        din păcate însă nu cunoaştem unghiurile minciunilor - spun albinele.
                *Albina a venit din Bagdad *)*
        nectarul l-a absorbit în grădinile suspendate din Babilonia

Reginele predau seara
când albinele aţipesc ostenite în proprii stupi:
           la florile - clopoţel călcaţi încet
           căci sunetul lor îi trezeşte pe urşii înfometaţi
             Albina a venit din Bagdad
           atenţie la trandafirii roşii căci îi lezaţi pe cei ucişi
             Albina a venit din Bagdad

**) Vers al poetului turc Nazim Hikmet.*

atenţie la trandafirii galbeni căci îi faceţi geloşi pe nebuni
niciodată nu lezaţi trandafirii albi,
Ah, trandafirii albi!
Când vă veţi duce la crizanteme murmuraţi cuvinte de iubire
şi lăsaţi un strop de lapte pentru marii morţi
dacă cineva vă atinge, transformaţi-vă în kamikaze
apoi rugaţi-vă ca moartea să vă găsească liniştiţi.
Albina a venit din Bagdad
Şi înainte de a închide ochii
luaţi-l ca un qefin *) o petală de trandafir alb
eu voi veni ca să vă citesc Biblia de Miere
scrisă cu litere de Otravă...
Ah,trandafirii albi!

----

*) Qefin - giulgiu de mort, un fel de cearşaf cu care, după o veche tradiţie
inclusiv balcanică, morţii sunt înfăşuraţi înainte de a fi puşi în coşciuge.*

Ai plecat

Luna: dinte de vampir înfipt în guşa unui nor.
Nu dorm. Perfidia altuia mă lasă fără somn: general cu soldaţi prizonieri.
Tu ai plecat şi m-ai lăsat în genunchi rugându-te la un dumnezeu care nu există
ai plecat sub un alt cer mediocru. Ai fugit.
Pentru mine erai mişcarea nefăcută unde stătea ascunsă victoria
piesele de şah erau ierarhiile frumos mirositoare ale florilor.
Nu ai vorbit fiindcă cuvântul are greutatea pietrei tombale fără epitaf
Fuga totdeauna lasă urme invizibile.
Iubirile mereu lasă urme în apă
probabil lacrimile au fost inventate tocmai ca să şteargă urmele.
Am rămas general cu soldaţi prizonieri.

Eu, Alan Ginsberg, Michael Jackson şi Crăciunul la New York

- Vino să mergem la *Centrul Rockfeller* - am spus eu
unde bradul Crăciunului străluceşte de minciunile lumii - am spus eu
să ne uităm la valurile luminilor
                        în New Yorkul mare şi zgomotos - am spus eu
                        cu aceşti tineri îmbătaţi...
- Naivule! Naivule! - a urlat Ginsberg
şi degetele îi tremurau:
                        ramuri de brad fără ironia luminilor
- Naivule naivule! – să stăm departe de aceşti tineri să stăm departe de
poliţişti să stăm departe de Spărgătorii de Nuci
- Naivule naivule!
şi ceva a muşcat probabil un măr fiindcă o fată în jeans
                        a sângerat: reclamă de dragoste.
- Să fugim?! Încotro să fugim!?- am spus eu - Sunt mulţi poliţişti,
şi mulţi Spărgători de Nuci - am spus eu - în culoare de cireaşă ...
- Naivule! Naivule! - a urlat Ginsberg - Vino să intrăm în Muzeul
Madame Tiso, păpuşile din ceară se topesc de frica kamikazelor.
Luăm nişte ceară pentru urechi, de la aceste păpuşi istorice şi, ca să
fim cinstiţi, facem din ea nişte lumânări, într-un Blackout de nebunie.
Puţină ceară de la Truman, de la Roosvelt, de la Churchill, de la
Stalin, de la Kennedy, de la Clinton, puţină ceară pentru puţine
lumânări de la Chaplin, de la Einstein,
de la Madonna, de la Michael Jackson...

Dintr-o dată noaptea a devenit ziuă:
            chipul lui Michael Jackson
            după operaţia plastică

doar ochii nu s-au schimbat doar ochii

şi această lume cu muzică

această lume de muzică

- Puţină ceară pentru ţara mea - am spus eu - lumânări pentru ţara mea,
lumânări...

- Fireşte puţină ceară şi puţină flacără pentru ceară

şi vreun fluture ca să ardă peste flacără

şi puţin vânt ca să sufle şi vreun fulger ca să picure sânge... -

a spus Ginsberg şi a râs în hohote cu un timbru de fantomă...

Dintr-o dată noaptea a devenit ziuă:

   chipul lui Michael Jackson

   după operaţia plastică

   doar ochii nu s-au schimbat doar ochii

   şi această lume cu muzică

   această lume de muzică

   şi copii fireşte:

La Centrul Rockfeller de lumini din bradul Crăciunului picura suflet.

Singurătatea

Văduva Singurătate în haine negre îşi petrece amintirile la cimitir.
  *Singurătate numai tu *)*
Singurătatea doarme pe o floare sub toc
când se trezeşte îşi dă seama că este flacără.
  Văduva Singurătate numai tu
Unde ai fost? Încotro ai plecat? De ce nu te-ai întors?
Singurătatea totdeauna pune întrebări,
    răspunsurile le aşteaptă sub formă de febră.
  Singurătatea: pomul fără frunze.
Închisă înlăuntrul zidurilor cu mucegai
conjugă verbul " a fugi", lumina îi pare duşman.
Ai uitat? Ai înnebunit? De ce? Cine?
  Singurătatea: mac
    răneşte
    lanul de grâu
    la guşă.
Pentru femeie singurătatea are formă de mascul:cade când se ridică.
Singurătatea bărbatului aţipeşte în paharul de coniac
Iar întrebările se deformează ca trupul unei femei gravide
Bărbatul singuratic se îndrăgosteşte de grijă
Pentru mascul singurătatea aidoma femeii: se ridică căzând.
  Singurătatea: mac
    răneşte
    lanul de grâu
    la guşă.

**) Vetmi (singurătate), după autor este compus din vetëm (doar, numai) şi ti (tu).*

Un trandafir inclinat sub zăpadă

Un trandafir roşu sub zăpadă: mireasă sub văl
Virginitatea în ajun de trezire pândeşte vorba "adânc"
    pândeşte cuvântul "adânc".
  Trandafir în rochie aurie
  cu roşul ce scrii pe hârtie
  roşul:sângele
  zăpada:hârtie
  petalele:deflorare aurie.
Trandafirul întins inclinat atrage noaptea să cadă în zăpadă
Stele şi cristaluri şi petale să se topească în parfum visător
Trandafir aşezat pe stâncă: prinţesă pe scaun de iubire
Primeşte-mă şi pe mine să mă aşez pe ghimpe, nu te teme că nu cad.
 nu te teme că nu cad.
Trandafir trandafir trandafir: rănit înclinat pe zăpadă
Trandafir un fulger
  se rupe niţel
  îţi face coroană
  rănit înclinat pe zăpadă.
Un trandafir în zăpadă: uitare mângâietoare în coş de vrăjitoare
- Va muri ca trandafir şi topindu-se odată cu zăpada va rămâne fără momminte.
Rănit înclinat pe zăpadă ridică în slăvi păcătoşii.

Pianul sub ploaie

Aşa, mare negru greoi
cu tastierele: dinţii strânşi
                în cârcelul spumant al rabiei,
                stă pianul vechi sub ploaie.
                iar curtea: veche,
doar un trandafir roşu lângă pian înfloreşte nou-nouţ.
Pianului cu ochii spre cer picăturile de ploaie nu îi par degete.
Un pian mare negru: coşciug al unei iubiri vechi
Înlăuntrul pianului - sicriu: muzica moartă, moartă.
Un pian sub ploaie şi un bărbat sub streaşină plângând
îşi ia mugurul roşu: rană prin mâini
îi scoate petalele una câte una
şi în tăcere, fără să-şi dea seama, le înfige în stâlpii ghimpilor:
                ce steaguri lipsite de dragoste.

Un pian cu stâlpi şi pânze de trandafir,
prin ce mări de suflete navighezi acum?...

Ea a plecat repede: muzica încă nu fusese convinsă de propria genialitate
a plecat în grabă cu o tristeţe obosită.
Cândva trandafirul la curte era atras teribil de muzică
iar mierea de la păscut i se transforma în medicament
cu toţii păşeau peste el cu filosofia fugii
respiraţia fragedă a trandafirului făcea din acul albinei un uituc.
Pianului cu ochii spre cer picăturile de ploaie nu îi par degete.
Un pian cu stâlpi şi pânze de trandafir,
prin ce mări de suflete navighezi acum?:...

Navighează un pian şi valurile se întind: pentagrame ale unei simfonii
fără sfârşit
suflă vântul dragostei umflă pânzele petalelor
iar durerea stâlpilor ghimpii îi scutură...
Lângă pian sub ploaie
cu un trandafir în mâini
plânge un bărbat...

Miraj 10 (cel din urmă): Femeie

Lan de grâu înseamnă femeie în aer în clipa când Soarele sărbătoreşte
ca un mascul.
Deşertul pare ca un lan de grâu iar tu iată unde pari: pată de mac
îţi proclami patima în ascunziş.
Femeie. Femeie. Femeie - de neatins: umbră în fântână.
Păsări, câte păsări se mişcă în aer ca şi cum ar fi mişcările copilăreşti
ale Domnului?
Mă simt ca piatra sub dalta sculptorului: aştept să proclam magia învierii.

Din portofelul ochiului câte monezi de aur fac muzică în sân!

Te îmbraci te dezbraci aprinsă de vişine, corpul: mii de întrebări,
răspunsurile se uimesc
Se spune că îngerii nu folosesc busolă, ba chiar aripile le au cu
motoare de dragoste
Se spune că îngerii nu au sex de aceea homo fireşte nu sunt.
Se spune că îngerii au caracteristici ciudate:
de pildă intră în pieptul oricui
ca să pună în inimă un clopot
(clipa când fiecăruia dintre noi îi cade punctul păcălelii).

Lan de grâu înseamnă femeie în aer în clipa când Soarele păcătuieşte
ca un mascul.

Te îmbraci te dezbraci aprinsă de vişine, corpul: mii de întrebări,
răspunsurile se uimesc
O Sfântă Marie din rouă arde în deşert.

Din portofelul ochiului câte monezi de aur fac muzică în sân!

O liră de curcubeu s-a întins o clipă peste tine
Ochii însă nu sunt ploaie, ochii nu sunt ploaie.
Tu eşti creatoarea lacrimilor mele: umflătoare de sticle magice.

Tu...

Eşti dorinţa abia exprimată în clipa căderii unui astru
De tine m-am îndepărtat atât de mult: piatră de mal pe podul de peste râu.

Motiv arbăreş

Când vrăjitoarea atinge, umbrele nopţii devin roşii
Iar băiatul care atinge fata atinsă de vrăjitoare: se îmbracă în ceaţă roşie
Şi fetei sărutate de feciorul vrăjit: i se înroşeşte obrazul...
Îşi spală obrazul sărutată în cursul râului
Iar femeile care spală rufele la câţiva metri mai încolo
Se tem că rufele le devin roşii...
Cu plaga frământată a nurorii.

Nu sunt plăgi, mamă, nu sunt răni
nu te teme
nici lava vulcanului nu este fugă
roşie într-adevăr
când roşul însă nu doare
râul curge cu febră vrăjită.

Fac un joc vechi de vorbe şi vise

Fac un joc vechi de vorbe şi de vise: amestec nefericit de lut şi de aur
Încrederea merge îndărăt fără să fie rac
iar Calea Lactee străluceşte în gâtul câinos al nopţii: verigi aurii de lanţ.
Fac un joc vechi băgând dragostea la mijloc. Nicăieri nu găsesc sublimul.
Lutul se desparte repede de aur
iar căţeaua noaptea rupe verigile Căii Lactee
sub lumina zorilor se pierde.
Sublimul: vis topit în cuptoare speciale
                                        varsă doar de aer
un alibiu atractiv pentru crimele păcătoşilor
deşert cu nisip fără aur, deşert cu odrasle de miraj.

Încrederea merge îndărăt fără să fie rac
Nici un deşert nu crede că a fost mare
Alibiurile sunt pur şi simplu respiraţii omeneşti
Căţeaua noaptea nu vrea să ştie de aurul lanţului său.

Tu eşti creatoarea lacrimilor mele: umflătoare a sticlelor magice.

Ginere

Fără tine simt o durere dulce: strugure călcat în picioare.
Cu tine îmi gust durerea: sufletul vinului îmi spune - ginere.

Derutare

Ori de câte ori vine primăvara grinzile casei scârţâie de dorul de muguri
albastrul ochilor tăi face flux de dorul de maluri
iar licuricii îl inventează pe harakiri vrăjitor în jurul corpurilor goale.
Eu tac topit de cuvintele ce nu le pot spune
pentru noile cuiburi: note în pentagramele pomilor.

    Vin voci, vin voci,nu ştiu de unde vin
    pârâul ce curge mă vrăjeşte.
    Vin voci, multe voci urzesc capcane cu flori
    ah, capcanele colorate mă fac să mă închin!

Ori de câte ori vine primăvara grinzile casei scârţâie de dorul de muguri
inimile sunt atrase în diferite direcţii: busole cu câmpuri erotice.
Fluturii îşi deschid aripile scrise cu poezii de magie
Albinele inventează o miere nouă cu polenul săruturilor.

* * *

Simt dureri.
Sunt piatra care a lovit trupul profetului.
Un şarpe mic foloseşte umbra mea
Fără să-mi spună mulţumesc.

Văzând un fier de călcat vechi la târgul din Kruja *

Anticarul l-a transformat în navă...
Mama: fochistă cu un cleşte de vatră
                    Umple nava mică cu jar
două linguriţe de cafea argintii le-a făcut flugerul
din uşa bucătăriei a suflat Trandafirul Vânturilor
s-au umflat pânzele: batistele mamelor emigranţilor
                    cu lacrimile îngheţate sub formă de stropi
Nava-anticvar trece printre insule: ceşti de cafea cu hărţi de zaţ
bătrânele stau în jur: aşteaptă întoarcerea fiilor decedaţi
le calcă pentru a mia oară bluzele şi pantalonii
şi nu văd cum li se înmulţesc ridurile pe chipuri.
Un plânset devine sirenă, malurile tremură,
                    - Atenţie, nenorocito,
                    la căptuşeala buzunarelor
                    a rămas o monedă!

**) Oraş istoric albanez, legat de eroul naţional*
   Gheorghe Kastrioti – Scanderbeg (1405-1468).

* * *

S-a scurtat salcia la marginea râului,
din ramurii săi am făcut fluiere pentru micii năzdrăvani.
- Vai vai! - au spus mamele - se mişcă salcia
fără să-şi dea seama că mai încolo, lângă râu
tu înfloriseşi la mal.
- *Sunt udă căci Raiul are rouă, căci Raiul are rouă...*
- Oh, Doamne! - au zis băieţii – s-a ridicat înecata râului
băieţii năzdrăvani cu fluierele trezeau moartea din somn.
Am scurtat salcia la marginea râului: fluiere pentru micii năzdrăvani.
- Eaaa!! - au spus fetele, au dat jos perdelele ferestrelor înfricoşate.
- *Sunt udă căci Raiul are rouă, căci Raiul are rouă....*
S-a micşorat salcia, muzica a trezit un mort.

Vânzătorul de seminţe de floarea soarelui

El are un privilegiu :
poate să moară în stradă
înconjurat de păsări.

Ciripeşte, privighetoareo

Ciripeşte privighetoareo, dar nu mă arde
te rog nu mă arde
îţi promit: cripiturile
    le va logodi
    cu o rodie!

Ciripeşte dar nu mă arde, privighetoareo, nu mă arde
iar aripa atârnată nu mi-o lăsa fără ramuri.
îţi dăruiesc palma mea, ia-o, joacă-te, fă-ţi un cuib
seara însă să mi-o dai înapoi
capul obosit îl voi pune pe ea
cu cinci privighetori somnul să mă prindă
cu cinci privighetori somnul să mă prindă.

Deseori marea îmi intră acasă

Deseori nici nu ştiu cum de marea îmi intră acasă
ca un oaspete zgomotos pe neaşteptate acasă.
Perne de valuri unde nişte scoici de vise
                cu nişte perle aşteaptă să se desfacă una câte una.
În oglinzi navighează nave antice
la fereastră: pânzele nu îşi dau seama de ce sunt perdele
                şi îngâmfate de lumină apelează la depărtări.
În stâncile de dulapuri alge şi corale de veşminte
                aşteaptă atragerea luminii.

Deseori acasă îmi intră marea
zbuciumă,se linişteşte, flirtează cu Luna, pătimeşte-oh sub briză,
apoi ceva îmi spune în şoaptă în scoica urechii:
malurile, malurile, băiete,malurile unde mi le-ai lăsat
în maluri nu fii zgârcit.

Îmi dau seama de greşeala gravă: am invitat marea fără maluri
El, fiindcă ştie unde dorul îl doare, în patul său se retrage.
Se retrage: mi le ia pernele, oglinzile cu liburne *)
           Pânzele ferestrelor, cămăşile şi bluzele...
Se retrage, se retrage...
Numai când se retrage
îşi dă seama: în corpul meu
           crease maluri!

**) Nume de nave de pe vremea liburnilor, un neam de-al lor.*

Referinţe critice

Prof. Alfred Uçi : Sunt poeţi talentaţi zgomotoşi pentru orice vorbă adevărată şi poetică pe care o enunţă, dar mai sunt şi poeţi adevăraţi care creează fără să arunce balonaşe şi focuri de artificii, care grăiesc cu filosofia simplă a spicului plin. Petraq Risto i-a dedicat o viaţă întreagă literaturii, în proză şi în poezie, mereu în căutare. Iar acum, cu "Partidă de şah în secolul XXI" mărturiseşte că,creaţia sa,mai ales cea poetică, se distinge ca o performanţă cu un greu de spus, care lasă urmă, cuprinsă în acel făgaş în care nu rămân multe nume care se apropie de vârfuri.

Dr. Anton Papleka: În cazul lui "Joc de şah în secolul XXI" nu avem de-a face cu formulări de reguli teoretice, cu vreun manifest poetic, ci cu o poetică modernă încarnată în componente conceptuale şi textuale. … Noua carte a lui Petraq Risto "Partidă de şah în secolul XXI" dovedeşte că acest autor nu suferă de «lipsa de curiozitate posomorâtă» baudelaireană, dimpotrivă el se străduieşte să aibă o informaţie cât mai bogată care nu se limitează doar la oraşul în care trăieşte, nici doar la Albania. Una dintre sursele principale ale acestei informaţii sunt călătoriile lungi şi îndepărtate, care se ştie cât de mult au fost apreciate de modernişti. Jean-Marc Debenedetti scrie : "Majoritatea poeţilor Modernităţii au fost mari călători; călătoriile lor le trăiau ca nişte poeme jucând ca jongleri cu orizonturile şi cu epocile".

Natasha Lushaj : Pare cum că, de multă vreme, cineva de sus continuă să joace şah cu cenuşa noastră. Iar apoi numele Petraq Risto, de asemenea cenuşiu. În treacăt îmi vine în minte una dintre poeziile cărţii în care se joacă alegoric cu semnificaţia trivială a numelui bunicului, respectiv tatălui şi fiului. Aceasta înseamnă oare că s-ar putea ca poeţilor să se încredinţeze marile mesaje ale reînvierii? Nu se ştie. Nu întâmplător, cuvântul poezie (poem) pe copertă are ceva din strălucirea aurie. Aidoma unei podoabe vechi, găsite sub scrumul post-timpului nostru, de nu ştiu cine.

Vaid Hyzoti : "Partidă de şah în secolul XXI" este o metaforă reuşită, cu pretenţii tematice, cu întindere în spaţiu, focusată adânc în istorie, în lumea spirituală a oamenilor, în politică, în viaţa socială, la Tirana şi în lumea întreagă. De la detaliile mărunte, de la observaţiile poetice cu caracter metaforic, autorul ştie să treacă la o sinteză poetică, prin jocul cuvântului, prin simţ şi sinceritate poetice, cu metafore puternice, prinjocul aspectului semantic, prin contrastul tare... Din punctul de vedere al sentimentelor, respectiv fluiditatea exprimării, pare ceva "cosmic", la fel şi în poeziile calde lirice de dragoste, respectiv în cele despre raporturile cotidiene, în care un simplu amănunt face să sară păsări de gândire care-şi iau zborul spre spaţii ample.

Agim Shehu : Ca în poezia cea mai bună albaneză, culegerea "Partidă de şah în secolul XXI" creşte dimensiunile gândirii deoarece vin cu o frumuseţe deosebită de închipuiri, unde ideea şi figura au armonia planetei în propria orbită. Poezia urmăreşte gândirea versurilor, fără să-şi dea seama unde intervine figura, care îi dă vitalitate şi frumuseţe gândirii aidoma luminii lunii înlăuntrul valurilor. În acest volum autorul ni se înfăţişează ca un călăreţ virtuos, care ştie să stăpânească "trapul" calului frumos, aşa cum este metafora în poezie. Aceasta este indispensabilă mai ales pentru un creator care viaţa şi întâmplările frământate le priveşte ca cetăţean, le judecă ca filozof şi le exprimă ca poet. Aceste trei dimensiuni le găseşti în carte ca şi cum l-ai fi citit pe Whitman, Eluard sau Migjeni *

----

*) Migjeni, pseudonimul literar al lui Millosh Gjergj Nikolla (1911-1938), unul dintrecei mai mari lirici albanezi.

Cuprins

Un punct (.) 5

Dansatorii iernii...............................6

Barca obosită 7

Muntele....................................8

Îmi voi cumpăra un vârf de munte...........10

Partidă de şah în secolul al XXI-lea……….............12

A venit fluxul...............................13

Un umăr fraged la cabaret......................14

La Coney Island cu Lorca................15

Dialog erotic.............................17

Albanezii.............................18

Sfoara celui spânzurat......................20

* * *...21

Combinaţie de şarpe şi de măr……….........22

Generaţia pierdută..............................23

Dezamăgire.............................24

Samurai...................................25

Theatrum Anatomicum.......................26

Rebeliune 1997.............................27

Am închis ochii unui mort................28

Cineva mi-a zis 30

Dezamăgiri 31

Cu "Boing" la zece mii de metri asupra Atlanticului.........32

Eroul 33

Avionul-club 34

Fără autorizaţie 35

Vânatul căluţilor de mare......................36

Bătălia pentru transformarea lui 0 în 1…………...37

Îngrijitor de rândunele....................38

Soţia lui Irod....................40

Oratoriu despre egalitate....................41

Sunt orb....................42

O respiraţie înaintea sărutului erai tu....................43

∞....................44

De la Homer la Borges....................45

Iuri....................46

Moartea călugăriţei....................47

Păsările lui Picasso....................48

Lună subţire: dinte de şarpe....................49

Fireşte, dacă vii dimineaţa....................50

Psalmul 137: Ostaşii....................51

Cântecul cântecelor....................52

Cântecele 3, 4 şi 5....................53

Căzu, căzu Babilonul....................54

Să pierzi....................56

Nu ştiu de ce bărbaţii sunt fericiţi când se însoară cu văduve tinere.....57

Călăreaţa moartă....................58

Am prins o privighetoare....................59

Ospăţul modern al lui Shakespeare....................60

Scaunul adevărului 1 62

Scaunul adevărului 2 63

Scaunul adevărului 4....................64

Dragostea 66

Cântecul beţivului 68

Trandafirul roşu care cândva fusese om....................70

Nea Vulcanul şi Gheţarul 71

Văduva 72

Ne-am întâlnit în oglindă 73

O ramură de cireş 74

Întotdeauna trădează cineva 75

Oratoriu despre tainele mici....................76

Războiul....................78

Cel dintâi Raport al unui extraterestru despre pământ................79
Cel de-al doilea raport al unui extraterestru despre pământ.................81
Glume cu moarte......................82
Oratoriu despre apă 83
Culoarul oglinzilor 4: O femeie la chitară......................85
Culoarul oglinzilor 1 : Oglinzile ca ironie.......................86
Triunghiul Bermudelor......................88
Culoarul oglinzilor 2: Corpul tău....................90
Când te aşezi să mănânci cu un rege......................91
* * *......................92
Cuţite de ciudăţenii......................93
Ospăţul racilor......................94
Elegie......................96
Două gânduri......................97
Ceasul vechi......................98
Sacrificarea Euridicei....................99
Dansatoarea demnă......................100
Sete......................101
Îndoliată....................102
Zăpada cristalină....................103
* * *....................104
Radiografia Toamnei......................105
Saga cinică a clonării 1....................106
Saga cinică a clonării 2 107
Saga cinică a clonării 3............... 108
Cântecul prostituatei : Minune fără dragoste 109
* * *......................111
* * *......................112
* * *......................113
Papirus 5: Boticelli......................114
Şeherazade: 1001 de nopţi după 11 septembrie 2001.........116
Şeherazade: 1001 nopţi după 11 septembrie 2001................118
Şeherazade: 1001 de nopţi după 11 septembrie 2001...................119
Papirus 6: Uciderea lui Eschil......................120

Există o ţară...121
New York-ul fără rândunici 122
Oratoriu despre albine 123
Ai plecat...125
Eu, Alan Ginsberg, Michael Jackson şi Crăciunul la New York...126
Singurătatea...128
Un trandafir inclinat sub zăpadă............................129
Pianul sub ploaie............................130
Miraj 10 (cel din urmă): Femeie................132
Tu...134
Motiv arbăreş...135
Fac un joc vechi de vorbe şi vise..........................136
Ginere...137
Derutare...138
* * *...139
Văzând un fier de călcat vechi la târgul din Kruja........................140
* * *...141
Vânzătorul de seminţe de floarea soarelui 142
Ciripeşte, privighetoareo..143
Deseori marea îmi intră acasă..............................144
Referinţe critice.. 145
Cuprins...147

www.ingramcontent.com/pod-product-compliance
Lightning Source LLC
Chambersburg PA
CBHW071437130726
47997CB00006B/2124